꿈의 직장 골드만삭스에서
꿈을 찾아 떠나다

꿈의 직장
골드만삭스에서

· 조예은 지음 ·

꿈을 찾아
떠나다

다연
DAYEONBOOK

Prologue

오늘의 달걀이냐, 내일의 닭이냐?
선택은 당신의 몫이다

회사라는 울타리에서 벗어난 지 정확히 1년이 되었다. 그동안 외적으로나 내적으로나 삶에 많은 변화가 있었다. 이제는 회사의 분기 실적이 내 인생의 성적표가 아님을 자각한다. 나는 더 이상 회사 이름이 인쇄된 명함을 자랑스럽게 내밀지 않는다. 대신 "글 쓰는 사람입니다" 하는 말로 소박하게 내 소개를 한다.

하루 일과는 '해야 하는 것'보다 '하고 싶은 것' 위주로 짠다. 남들보다 자유로운 삶이 주어진 만큼 '나'라는 사람의 말과 행동, 생각에 책임감이 커졌다. 진정한 자유는 자기통제에서 비롯된다는 니체의 말처럼 말이다. 사회적 평균 급여에 비해 넉넉했던 증권사의 월급봉투보다 아직 턱없이 부족하지만 나만의 콘텐츠 강연으로 수입도 조금씩 늘어나고 있다. 나만의 온전한 미래를 기대할 수 있기 때문에 나는 글을 써 내려가는 지금 이 순간이 소중할 뿐이다. 이제 벌거벗은 채로 세상에 온전히 나 자신을 드러냈으니까.

지금 이 글을 읽고 있는 당신에게 묻고 싶다.

"오늘의 달걀과 내일의 닭 중 무엇을 선택할 것인가?"

이 책을 펼친 독자들은 크게 두 부류일 것이다. 외국계 금융 회사라는 화려한 일터에서 평범한 20대가 어떻게 일했고 어떻게 그만둘 수 있었는지가 궁금한 독자, 그리고 회사를 그만두고 싶은 마음은 있으나 '꿈'에 대해 아직 막연하기만 한 독자⋯⋯. 뭐, 어느 쪽이든 상관없다. 일단 누군가의 스토리를 통해 긍정적 영감을 얻으려는 그 열망만으로도 남들과 다른 삶을 살게 될 테니까.

『꿈의 직장 골드만삭스에서 꿈을 찾아 떠나다』의 초고를 집필할 당시, 첫 번째 책의 출간 준비 과정 또한 한창이었다. 아직 책이 출간되지 않은 시점이라 공식적인 '작가' 타이틀을 달기 전이었으나 크게 신경 쓰지 않았다. 어쨌든 내 이야기가 곧 책으로 출간될 것이며, 한두 권에 그치지 않고 수많은 저서를 집필하며 세상에 희망의 목소리를 낼 것임을 확신했기 때문이다. 첫 번째 책에서 독자들에게 미처 못 다한 이야기가 내 머리와 손가락을 움직이게 했다. 망설임 없이 써 내려갔을 뿐이다. 나에게 '글쓰기'란 격을 '파(破)'하고 세상의 기준으로부터 '탈(脫)'하는 온전히 나 자신을 위한 행동이었다. 시류를 깨고 그것에서 벗어나려는 몸부림의 신개념 '팜므 파탈(?)'인 셈이다.

『꿈의 직장 골드만삭스에서 꿈을 찾아 떠나다』는 여느 자기계발서처럼 부와 명예를 거머쥔 '성공'에 대한 책이 아니다. 회사를 그만둬야 비로소 자유를 누릴 수 있다고 말하려는 책도 아니다. 지극히 평범한 대한민국 청춘이 소위 꿈의 직장이라는 외국계 증권사에 4년간 몸담으며 오늘의 달걀 대신 내일의 닭을 위해 고민하고 행동해온 이야기를 솔직하게 담아낸 책이다. 이를 통해 '고스펙'이라는 환상의 늪에 빠져 허덕이는 치열한 현실, 그 이면의 보이지 않던 진실로부터 뼈저리게 깨달은 바를 동시대의 청춘들과 공유하고자 한다.

'진정한 성공은 무엇일까?', '지금 나는 행복한가?', '나 자신을 위해서 어떻게 살아가야 하는 걸까?' 등의 중심 화두 속에서 지금 내가 흘리고 있는 땀의 의미를 찾으려 애썼다. 직장을 나와 집필을 끝낼 때까지도 이 고민은 계속될 수밖에 없었다. 아직 나는 미래의 닭을 완전히 손에 잡은 건 아니기 때문이다. 결과적으로 모두의 정답이 아닌, 나만의 현답을 글로 담아낼 수 있었다. 그리고 이 책을 통해 한 단계 성장한 드림워커가 되었다.

세계적인 문학가 무라카미 하루키는 스스로를 '작가 그리고 러너'라고 칭할 정도로 마라톤 마니아다. 그는 때와 장소를 가리지 않고 수십 년간 글쓰기와 달리기를 병행하며 자기계발을 꾸준히 해왔다. 에세이 『달리기를 말할 때 내가 하고 싶은 이야기』에서 그는 오늘의 달걀과 내일의 닭 사이에서 망설이고 있는 이들에게 이렇게 말한다.

'나는 물론 대단한 마라톤 주자는 아니다. 주자로서는 극히 평범한 그런 수준이다. 그러나 그건 전혀 중요한 문제가 아니다. 어제의 자신이 지닌 약점을 조금이라도 극복해가는 것, 그것이 더 중요한 것이다. 장거리 달리기에서 이겨내야 할 상대가 있다면, 그것은 바로 과거의 자기 자신이기 때문이다.'

베스트셀러 작가이기 전에, 자기 성장을 위해 평생을 치열하게 살아가는 겸손한 인물로서의 무라카미 하루키를 발견한다.

오르내림을 반복하는 인생은 단거리 레이스보다 마라톤에 가깝다. 불확실한 세상에서 가장 확실한 것은 바로 레이스를 달리고 있는 나 자신이다. 명문 대학? 학점? 고액 연봉의 직장? '고스펙'의 배우자? 당장 화려한 삶의 조건들에 얽매인 채 내 마음에 솔직하지 못한 지금을 살고 있는 것은 아닌지, 오늘의 밥벌이를 최우선순위로 하여 자신의 성장을 내일로 미루지는 않는지…….

지금 우리에게 필요한 것은 과거의 나를 이겨내고 자연스러운 욕망을 세상에 드러낼 줄 아는 용기다. 행복한 나와 내 인생을 위해 이제부터 사고를 바꾸자. '꿈이 필요하다'가 아닌, '꿈을 창조한다'로 말이다. 그러면 좀 더 주체적인 인생을 살 수 있을 것이다.

오늘의 달걀과 내일의 닭 사이에 완벽한 정답이란 없다. 오로지 자신의 선택이라는 현답이 있을 뿐이다. 이제 자신감을 갖고 꿈의 창조 과정을 즐겨보자. 예전과는 달라져야겠다는 뜨거운 의지를 찾아보는 거다. 동시대를 살아가는 많은 청춘이 이 책을 통해 내면으로 시선을 돌리는 기회가 되었으면 하는 바람이다.

2015년 7월
조예은

Prologue 오늘의 달걀이냐, 내일의 닭이냐? 선택은 당신의 몫이다 · · · 4

Chapter 1

소심했던 내가 떠난 이유

01 나는 제정신이 아니었다 · · · 12
02 거부할 수 없는 쾌락의 늪에 빠지다 · · · 17
03 조직은 나 없이도 잘만 돌아간다 · · · 24
04 다닐 것인가, 때려치울 것인가? · · · 29
05 회사는 황량했고, 나는 환멸을 느꼈다 · · · 36
06 남들의 기준으로 연애하다가 시간만 낭비한다 · · · 42
07 나는 왜 "No"라고 말하지 못해 상처를 받았나? · · · 47
08 꿈의 직장에서 꿈을 잃다 · · · 53
09 스물아홉, 나는 어디로 가고 있는가? · · · 59
10 결정적 순간에 사표를 낼 수 있는가? · · · 65

Chapter 2

현실에 꿈을 맞추기보다 꿈에 현실을 맞춰라

01 돈의 노예가 되어 영혼을 팔지 마라 · · · 74
02 출근만 하면 다 될 줄 알았다는 생각을 버려라 · · · 81
03 '고스펙' 직장은 오히려 나를 구속하는 방해물이다 · · · 87
04 열심히만 하면 남는 건 무식하다는 소리뿐 · · · 93
05 적기에 정확한 꿈을 설정하라 · · · 99
06 야망 없는 꿈은 개꿈이다 · · · 105
07 일은 지겨운 밥벌이가 아닌 '놀이'가 되어야 한다 · · · 111
08 실패할 줄 알아야 성공도 할 수 있다 · · · 118
09 굳건한 믿음으로 드림로드를 걸어라 · · · 125
10 준비하며 '때'를 기다려라 · · · 131

Contents

Chapter 3

마음이 간절한 지금, '지금'이 바로 실행할 때다

01 '언젠가는 하리라' 다짐하지만, 실행하기 좋을 때란 없다 · · · **140**

02 도전에는 능력보다 자신감이 중요하다 · · · **146**

03 만족할 때 한 걸음 더 나아가라 · · · **152**

04 나를 위한 하루 한 시간을 무조건 확보하라 · · · **158**

05 목표 달성을 위한 평균 수면 다섯 시간 · · · **164**

06 긍정과 낙관의 차이를 제대로 파악하라 · · · **169**

07 변화가 아닌 혁신, 뼛속까지 바꿔라 · · · **175**

08 결심하는 순간, 이미 나는 누군가의 꿈이 되었다 · · · **181**

09 내 인생의 시나리오 플래닝을 준비하라 · · · **187**

10 꿈의 데드라인에 몰입하라 · · · **194**

Chapter 4

끝없이 배우고 모험하고, 즐기고 사랑하라

01 책으로 생각을 경영하라 · · · **202**

02 자기관리가 되어야 인생관리도 된다 · · · **209**

03 바깥으로 나가 기회를 벌어라 · · · **215**

04 문화생활은 스스로의 품격을 높인다 · · · **221**

05 나만의 아이템으로 셀프 브랜딩을 시작하라 · · · **226**

06 매력으로 인력을 구축하라 · · · **232**

07 평생 파트너가 되어줄 꿈 친구를 만나라 · · · **239**

08 편집과 융합의 사고방식, 컬래버레이션을 하라 · · · **245**

09 디지털 세상 속 아날로그를 터치하라 · · · **251**

10 더욱더 생생한 미래를 선포하라 · · · **258**

Chapter 1

소심했던 내가
떠난 이유

01

나는
제정신이 아니었다

"띠리리리링!"

스마트폰 알람 소리가 귀에 꽂힌다. 정신이 번쩍 든다. 그러나 눈을 뜨지 않는다. 아니, 눈 뜨기 정말 싫다. 평온한 잠자리에서 치열한 현실 세계로 날 끄집어내려는 소리……. 보나마나 새벽 6시 기상 알람일 테니까. 엉클어진 이불 속에서 소란스럽게 울리는 스마트폰을 더듬더듬 찾는다. 살짝 실눈을 떠, 일어나라고 보채는 스마트폰을 진정시킨다. 다시 베개에 얼굴을 파묻은 채 잠의 세계 끝자락에서 끈덕지게 뭉그적댄다.

'아, 정말 회사 가기 싫다!'

머릿속에서 '싫다'라는 단어가 메아리친다. 그러나 나를 위로해줄 만한 답은 돌아오지 않는다. 그제야 받아들일 수밖에 없는 현실임을 인정한다. 오늘은 수요일, 주말이 되려면 아직 한참 남았다. 되돌아보니 지난 이틀간 어떻게 시간을 보냈는지도 모르겠다. 월요일에는 '월'래 취한다며 동료들과 한잔하고, 화요일에는 숙취로 골골대며 겨우 업무를 마무리했다. 피곤한 몸을 이끌고 기절하다시피 잠들어버린 어젯밤……. 잠 제대로 잔 거 맞아? 일곱 시간이나 잤는데도 피로가 가시지 않는다.

알람 소리를 들은 지 10분이 지나서야 가까스로 몸을 움직인다. 이제 생존형 모드로 전환할 시간이다. 생존형 모드라니, 문득 회의적인 생각이 스쳐 지나간다.

'나는 무엇을 위해 이러고 사는 걸까?'

방문 너머에서 엄마의 목소리가 들려온다. 잠이 확 달아난다.

"예은아, 회사 가야지. 늦으면 큰일 난다!"

30년간 한 회사에서 근무했던 성실의 아이콘, 우리 엄마의 관심사 제1순위는 언제나 내 직장 일이다. 왜냐고? 딸이 글로벌 최고의 금융 기업 골드만삭스에 다니고 있으니까.

누구나 들어가고 싶어 하는 선망의 기업! 혹자는 골드만삭스를 최고 중의 최고, 투자은행계의 롤스로이스로 비유했다. 금융권에서도 강인하고 똑똑하기로 소문난 사람들만 모아놓은 그곳을 업계에서는 재미 삼아 '금양말'이라고 부른다. 금양말 타이틀은 여느 증권사보다도 막강했다. 큰 파장을 일으킨 금융위기 당시, 공룡 리먼브라더스가 파산했을 때에도 골드만삭스는 지혜롭게 살아남았다. 분명, 골드만삭스는 체계적인 시스템으로 탄탄히 구축된 슈퍼 스마트 기업임을 부정할 수 없다.

내 업무는 세일즈 어시스턴트(Sales Assistant)였다. 골드만삭스 증권 내 주식영업부의 상사들을 챙겨야 하는 서른 명 규모의 팀에서 막내 역할을 담당했다. 출근해서 퇴근할 때까지 내가 하는 일은 팀 운영을 돕는 일이었다. 세일즈 부서에서 직접적으로 수익을 창출하는 데 필요한 전반적인 사무 업무를 하는 것이다.

어시스턴트라고 해서 단순한 보조 업무, 그리 중요하지 않은 일만 한다고 생각하면 큰 오산이다. 외국계 증권사에서 어시스턴트는 나름의 임파워먼트(Empowerment), 즉 권한이 부여되는 중요한 살림꾼이다. 특히 직원의 로열티를 중시하고 회사 내부 규정이 엄격한 골드만삭스에서는 오피스 매니저격인 어시스턴트의 존재를 인정한다. 수년을 근무하며 좋은 퍼포먼스 리뷰를 받게 되면, 그만큼 보상도 아낌없이 준다.

골드만삭스는 어떤 역할(Role)이든 자신의 소속감과 자부심을 강하게 만드는 굉장한 네임밸류(Name Value)를 가지고 있다. 금양말을 신으면 자아도취에 빠질 수밖에 없었다. 더군다나 요즘처럼 취직이 어렵고 모두가 좋은 일자리를 얻기 위해 학사, 석사, 박사까지 국내 해외 가리지 않고 따는 상황에서는 감사한 마음으로 다녀야 했다.

하지만 지나치면 모자람보다 못한 법! 그런 압도적인 분위기 속에서 나는 제정신이 아니었다. 환경에 의해 나는 마비되고 있었다.

"어쨌든 예은이는 골드만삭스 다니니까 걱정 없겠네."

"월급도 넉넉하고, 회사도 빵빵하고, 최고다."

"거기서 좋은 남자 만나 결혼하면 만사형통 아니겠어?"

주변 반응이 이런 식이니, 상대적으로 남들보다 행복하다고 합리화할 수밖에 없는 상황이었다. 나의 모든 라이프스타일은 내가 아닌 '금양말'의 회사 위주로 돌아갔다.

콩나물시루 같은 지하철에서 꼼짝 못한 채 30여 분을 시달리다가 겨우겨우 출근한다. 자리에 앉자마자 전날 밀렸던 일을 처리하고, 밤새 전 세계 골드만삭스 직원과 클라이언트에게 날아온 메일을 확인한다. 사방에서 들어오는 요청을 정신없이 해치우고 나면 점심 시간. 점심은 늘 배달시켜 자리에서 맛없게 먹는다. 오후에도 어김없이 일과 씨름하고 난 뒤, 간신히 집으로 향한다. 집에 온다고 해서 그날의 피로와 스트레스가 풀리진 않는다. 지쳐 잠이 들고 또다시 눈을 뜬다. 피곤한 일상의 반복이다.

'내가 바라던 서른, 이게 맞는 걸까?'

뒤돌아보면 잘나가는 회사 이름을 제외하고는 조금의 만족감도 없었다. 정말 제정신을 잃고, 끌려다니는 삶을 살고 있었다. 주변을 둘러보았다. 사무실에서 웃는 얼굴은 하나도 없었다. 가라앉은 사무실 분위기를 볼 때면 나 역시 애써 괜찮은 척, 강한 척하며 지내야 했다. 그렇게 참으며 하루하루를 넘겼다. 가슴이 답답할 때 임시방편은 친분이 있는 사람들과 술 한잔 기울이며 답답함을 토로하는 거였다. 상처난 감정을 알코올로 마비시키는 것이다. 거기선 모두가 생존형 모드로 살아갔다. 막내로서 열심히 일해야 할 뿐, 인생의 비전을 논할 여유가 없었다.

'화이트아웃(White Out)'이라는 현상이 있다. 폭설로 인해 모든 사물이 원근감 없이 하얗게만 보이는 것을 말한다. 이러한 시야 상실 현상은 업무에서도 나타난다. 죽어라 열심히 앞만 보고 일했지만, 처음 생각했던 것과 달라 실망을 느끼는 상황이 닥친다. 게다가 '나는 누구이고, 여긴 어디인가?'라는 의문과 함께 회의감이 몰려온다. 인생의 방향감각을 잃은 화이트아웃이 직장생활의 일상을 덮친 셈이다.

겉보기에 나는 좋은 직장에서 적당히 돈을 벌면서 적당히 괜찮은 삶을 살고 있는 젊은이였다. 나 스스로도 처음엔 그렇게 받아들이고 살았다. 하지만 시간이 지날수록 고민은 눈덩이처럼 불어갔고, 하루하루가 고달팠다. 내면의 자아는 갈피를 잡지 못한 채 방황하고 있었다. 그런 상태라는 것을 알면서도 명쾌한 해답이 없어 아무런 액션을 취하지 못했다. 직장생활 만 3년 차에 또 한 번의 사춘기를 겪는다고나 할까. 인생의 성장통으로 인해 나는 정말로 제정신이 아니었다.

지금 당신은 어떤 상태인가? 혹시 위태로운 마음을 애써 감춘 채 행복한 척하며 시간을 보내고 있지는 않은가? 지금 하는 일의 미래가 그려지지 않아 답답하지만 월급을 포기할 수 없는 현재 상황 앞에서 눈물을 머금은 채 참고 있지는 않은가? 이 질문에 대한 답이 '그렇다'라면 당신 역시 제정신이 아닐지 모른다. 지극히 평범했던 나는 남들이 부러워해 마지않는 꿈의 직장에서 아이러니하게도 점차 꿈을 잃어갔다. 이 책을 읽어가며 당신 또한 잠시 스스로의 모습을 점검해보기 바란다.

02

거부할 수 없는
쾌락의 늪에 빠지다

스물일곱 살이 되던 해의 여름이었다. 대학 졸업 후, 내 금융 커리어는 호주계 증권 회사에서 시작되었다. 꽤 규모도 크고 인지도도 높은 회사였다. 나는 수차례의 면접과 필기시험 끝에 마침내 어시스턴트로 입사하였다. 금융 회사 안에서도 가장 드세다는 주식영업부! 그곳은 외국계 증권영업팀 중에서도 분위기가 거칠기로 유명한 전쟁터였는데, 대부분 소위 잘나가는 '엄친아', '엄친딸'이 주요 구성원이었다. 해외 명문 대학 아니면 SKY 대학 출신, 서울 강남 출신이 주류를 이루고 있었다. 사무실은 뭔가 모를 위압감으로 가득 차 있었다.

과거 몇 년 전만 해도 증권업계엔 버블이 심했다고 한다. 내가 입사한 2011년은 금융위기를 겪고 나서 약간 움츠러든 상태였다. 하지만 뭣 모르는 초짜 신입 어시스턴트에겐 버블이 꺼진 상황조차도 화려하기만 했다. 외국계 증권사의 분위기를 처음 경험한 나에겐 그야말로 '폼생폼사' 업무 환경이었다. 고액 연봉, 좋은 집과 수입 자동차, 빵빵한 명함까지 모든 것을 갖춘 상사들은 언제나 돈 앞에서 '쿨'했다.

"어제 청담동에 새로 생긴 그 스테이크집 가봤는데, 나쁘지 않던걸?"

"시계 장만했네? 돈 오백은 줬겠어."

"그날 클럽에서 끝내주게 재밌었지! 샴페인에 양주에…… 근데 숙취가 장난 아니야."

돈으로 무엇이든지 풍족하게 누리고 사는 탄탄대로의 인생들이었다. 하루하루가 놀라울 따름이었다. 그동안 성실히 살아오신 부모님 밑에서 무난하게 자라온 나였다. 서울에서 학구열 높은 지역의 고등학교 졸업, 서울 4년제 대학 출신, 프랑스 어학연수까지 나름 곱게 잘 컸다고 자부하며 살아왔지만 거기선 평균 이하인 듯싶었다. 뭣도 모르고 들어온 어리바리 어시스턴트에겐 모든 것이 새로운 자극제였다.

사람은 환경에 영향을 받고 사는 사회적 동물이라고 했던가. 상사들의 차림새와 행동을 보면서 점차 눈높이가 높아져갔다. 아니, 솔직히 말하자면 뱁새가 황새의 긴 다리를 쳐다보면서 억지로 가랑이 찢는 격이었다. 값비싼 와인, 명품 구두와 가방, 호텔에서 포장해 오는 점심 식사에 급속도로 익숙해져갔다.

증권 트레이딩 데스크는 점심 시간이 특별히 없다. 점심 시간에도 주식 시장은 멈추지 않고 거래가 이뤄지기 때문이다. 트레이딩 중에 모니터 앞을 벗어날 수 없는 직원들의 점심은 언제나 식어버린 포장 음식이다. 막내 어시스턴트로서 나는 점심 주문을 주로 맡았다. 주식

매매 시간에 꼼짝 못하는 업무 스트레스를 비싸고 맛있는 점심 식사로 위안받으려는 심리였을까. 점심은 언제나 유명 레스토랑의 메뉴였다. 멕시코, 미국, 이탈리아, 일본, 중국, 베트남 음식까지 서울 시내에서 불가능한 식단이란 없었다. 샌드위치 한 덩어리, 플라스틱 포장 용기에 담긴 샐러드 한 그릇이 만 원 돈을 우습게 넘겼다. 그 수준의 식사는 늘 그렇듯 당연한 거였다.

값비싼 스테이크도 매일 먹으면 감사할 줄 모를뿐더러 입 안 가득 퍼지는 육즙의 맛, 그 풍미의 즐거움을 느끼지 못하는 법이다. 처음에는 굉장하다고 느껴졌던 고급 샌드위치도 반년을 꾸준히 먹다 보니 슬슬 질리기 시작했다. 어느 순간 한 입 베어 물고 쓰레기통에 그대로 버리는 나를 발견하게 되었다. 그 어떤 양심의 가책도 느끼지 않은 채 좋은 것들을 대하는 나의 자세는 점점 거만해져갔다. 시류에 휩쓸려 감사하는 삶의 본질을 잃은 채 나는 끝없이 욕심을 부리고 있었다. 물론 이러한 점심 사치는 과욕의 일부에 불과했다.

지금 돌이켜보면, 외국계 증권 회사에서의 경험은 프랑스 시인 보들레르의 표현처럼 '악의 꽃(Fleurs du Mal)'이었다. 21세기 자본주의적 관점에서 '악'은 소위 금융업에서 일어나고 있는 '쩐의 전쟁터'랄까, 물질만을 바라보고 앞다퉈 실적 올리기에 급급한 사람들의 극단적 모습이었다. '꽃'은 대외적으로 인정받는 타이틀 '증권맨', '증권사 직원'의 화려한 모습이다. 악의 꽃 같은 일터는 일꾼들의 욕망을 끊임없이 끌어내어 회사의 이익을 추구한다. 고액 연봉과 회사 네임밸류에 자극받은 인재들이 서서히 욕망에 길들여진다. 그렇게 욕망의 골은 점점 깊어가고 있었다.

모든 일에는 대가가 있다. 실적에 따른 고수입, 초고속 승진, 사회적 명성 이면에는 불안정한 고용 상황이 늘 도사리고 있었다. 엎치락뒤치락하는 금융 시장에 따라 어느새 책상이 생겼다가 사라져버리는 불안한 업무 환경은 그만큼 불온의 욕망을 낳았다. 촉수가 곤두선 업종, 바로 파이낸스였다.

미국 심리학자 매슬로(Maslow)의 '욕구 단계' 이론이 있다. 생리적 욕구·안전의 욕구·사회적 욕구·자기존중의 욕구·자아실현의 욕구까지, 인간의 동기는 최하위 단계 욕구가 해소되면서 순차적으로 유발된다는 것이 그 주된 내용이다.

내 주변의 꽤 많은 사람은 매슬로가 말한 2단계 욕구, 즉 육체적·경제적 안전에서 정체되어 있었다. 하루하루 롤러코스터처럼 오르락내리락하는 주식의 매수·매도 지수 및 거래량에 스트레스 지수도 함께 출렁댄다. 매일, 매주, 매달, 매 분기마다 실적으로 평가받고 사니 아무리 좋은 회사 타이틀에 높은 직급이라 할지라도 불안하기는 마찬가지다. 그래봤자 회사로부터 월급을 받는 피고용인일 뿐이다. 안정적 삶이 보장되지 않으니 자기존중, 자아실현이라는 고차원적 욕구를 생각할 여지조차 없어 보였다. 2단계에 머물러 있는 사람들은 불안정함을 극단적인 방법으로 해소하려고 했다. 바로 술이다. 미래에 대한 불안감에서 벗어나기 위해, 그 순간을 술에 의존해 극도로 즐길 뿐이다.

"오늘 술 한잔해야지? 인턴도 새로 왔고 말이야."

"인턴, 너 주량이 어떻게 되나 오늘 한번 봐야겠어."

대학을 갓 졸업한 풋풋한 인턴이 들어오면 어김없이 펼쳐지는 웰컴 회식! 증권업계에서 신입이 치러야 할 통과의례 같은 것으로, 향후 고객과의 수많은 술자리를 이겨낼 수 있을지 주량을 파악해보는 자리이기도 하다. 고객과의 갑을관계에서 억눌린 스트레스가 사내 회식에서 고스란히 나타나는 듯하다. 그 갑을관계는 그대로 상사와 부하 직원에게 옮겨간다.

그날도 어김없이 새로운 인턴을 위한 술자리가 마련되었다. 고기가 지글지글 익어가고, 고깃기름을 배에 채우고, 소주잔도 바삐 채워진다. 늘어만 가는 빈 소주병과 함께 사람들의 정신도 혼탁해진다. 자정이 넘도록 이곳저곳 옮겨 다니며 채워지는 술의 양만큼이나 사람들의 말과 행동도 격해져간다. 격해지는 언행도 하나의 스트레스 해소법이다.

"젊은 애가 왜 이리 약해 빠졌어! 이래 가지고 세일즈 어디 하겠나! 마셔!"

성공에 대한 야망으로 불타오르는 젊은 친구들은 상사에게 잘 보이려고 무조건 술을 털어넣는다. 급기야 욕망의 늪에 빠져 자신을 통제

할 수 없는 지경까지 몰고 간다.

다음 날, 신입 인턴은 폭음으로 제시간에 출근하지 못했다. 술도 제대로 마실 줄 모르고, 사회생활도 할 줄 모르고, 자질 없는 사람으로 찍혔음은 물론이다. 누가 상처받건 말건 상관없다. 그저 순간의 쾌락으로 불온한 욕망을 해소하고 있는 자본주의 시대의 이야기일 뿐이다.

김진애 박사는『한 번은 독해져라』에서 대한민국 성인들의 스트레스 해소법인 '술 문화'를 다음과 같이 꼬집는다.

'어른들은 스트레스를 풀 때도 바보짓을 곧잘 한다. 자신에게 맞건 안 맞건 사회적인 잣대를 따라가는 것이다. 그 방식이 또 다른 스트레스를 만드는데도 따라서 해버린다. 예컨대 폭음이 또 다른 스트레스를 만든다는 사실을 아무리 머리로 알더라도 여전히 그 폭음의 분위기에 빠져든다. 어른이 될수록 상상력이 빈곤해지거나 주변의 압력과 유혹에 외려 약해지기 때문일 것이다.'

좀 더 건전하게 불안정한 감정을 치유할 수는 없을까? 과거 에피쿠로스학파의 주장처럼, 물질적인 쾌락 추구가 인간의 자연적 본성이라는 말이 우리 시대에도 해당될까? 현대 사회에서 하루하루를 겨우 살아가는 직장인 대부분이 최상위 단계의 자아실현 욕구에 관해서는 동기부여를 받지 못하고 있다. 그저 불안함에 떨 뿐이다. 왜냐고? 매달 통장에 일정하게 찍히는 월급, 이름보다 회사 이름이 커다랗게 돋보이는 명함을 거부하기가 어렵기 때문이다.

불만족스럽더라도 현실에 순응할 수밖에 없는 상황에서 현대인의 만성 불안감은 쌓여갈 뿐이다. 그리고 불안의 골이 깊어질수록 물질적, 감각적 욕망의 그늘에서 벗어나지 못한다. 더불어 끊임없는 쾌락을 위해 지갑을 연다. 비싼 음식과 술, 명품 시계와 가방을 얻고 카드 빚의 노예가 된다. 스트레스는 결국 또 다른 스트레스를 낳는다.

악마가 유혹하는 악순환의 고리를 끊고 새롭게 변화하기 위해서는 무언가 강력한 조치를 취해야 한다. 이건 증권업종에 있는 사람들에게만 해당되는 이야기가 아니다. 세속적인 다수의 욕망에서 벗어나 스트레스와 불안감을 해소할 나만의 방법을 찾아야 한다.

밤이 되면 여지없이 손님을 맞이하는 형형색색의 불빛들이 도시를 밝히며 불야성을 이룬다. 오늘도 누군가는 술집에서 고주망태가 될 것이고, 또 누군가는 백화점에서 과소비를 하며 쇼핑백 한가득 과욕을 채울 것이다. 기억하자. 쾌락의 늪인 줄 모르고 빠져 살다간 결국 그 늪에 질식당하여 '나'라는 본질마저 잃게 된다는 사실을 말이다.

03

조직은
나 없이도 잘만 돌아간다

막내 어시스턴트에게 그런 잔인한 일을 시킬 줄은 상상도 못했다. 입사한 지 불과 몇 개월 뒤의 일이었다. 주식 매매 시장이 시작되고, 고객에게 전화하느라 가장 바쁜 아침 9시. 영국인 대표가 나에게 전화를 걸었다.

"P 전무 회의실로 오라고 전해줘."

늘 있던 내부 미팅이려니 하고, 나는 대표의 호출 메시지를 대수롭지 않게 P 전무에게 전했다. 그는 곧장 회의실로 갔다. 그 후 더 이상 회사에서 그를 볼 수 없었다. 불과 한 시간 만에 정리해고된 것이다. 회사는 그에게 사무실에 돌아올 잠깐의 시간조차 주지 않았다. 그가 가지고 있던 업무용 블랙베리와 닳아버린 법인카드는 나에게 돌아왔다.

"예니(Yenny), 필요 없는 것들은 버리고 개인 물품은 챙겨서 우편으로 보내."

　인사 한마디 건네지 못한 채, 같은 사무실에 있었던 상사를 떠나보낸 첫 사건이었다. 아무리 증권업이 하향 산업이라 할지라도 순식간에 사람을 내치는 그 상황은 이해되지 않았다. 마흔 초반의 가장에게 일자리를 빼앗는 건 한 가정의 미래를 망가뜨리는 잔인한 처사 아닌가. 그러나 그 충격도 잠시, 남아 있는 사람들은 회사의 이익 창출을 위해 맡은 바 역할을 다해야 했다. 주변을 둘러보았다. 다들 알고 있는 눈치지만 냉혹한 현실 속에서 침묵한 채 모니터를 바라보고 있었다. 결코 남의 이야기가 아니었으니까.

　곧 책상에 있는 물건들을 하나씩 정리해 상자에 담고 있는 나를 발견했다. 평소 상사의 자리라 감히 뒤질 수도 없었던 서랍 속을 마구 파헤쳤다. 주인 잃은 서랍 속 물건들은 휴지통으로 버려지거나 상자 속으로 들어갔다. 떠난 P 전무의 모니터에는 어린 딸의 그림 편지가 붙어 있었다.

　'아빠, 사랑해요.'

　고사리 같은 손으로 순수하게 끼적인 딸의 마음이었다. 나는 무정하게 그림 편지를 뗄 수밖에 없었다. 그림 편지가 돌덩이처럼 무겁게 느껴졌다. 사랑의 온기가 담겨 있던 편지는 차가운 종잇조각으로 변해 상자 속에 들어갔다.

　책상을 정리한 지 30분도 채 되지 않아 그의 흔적은 말끔히 사라졌다. 마치 무슨 일이 있었냐는 듯, 늘 그래왔듯 사무실은 돈을 벌기 위해 끊임없이 돌아가고 있었다. 불안한 감정을 억누른 채 회사에 순응하고 있는 사람들의 안타까운 모습이었다. 순간 온몸에 소름이 돋았다. 증권 회사에서 인간적인 모습이란 메마를 대로 메말라버렸다는 느낌이 들었다. 과연 이렇게 돈을 버는 것이 세상 이치에 맞는 걸까? 결국 회사에 남아 있는 우리 역시 언제일지 모르는 그 결말이 해피엔딩은 아니지 않은가. 글로벌 금융 회사에서의 커리어를 꿈꿨던 20대 청춘에게 비극적인 현실과의 충돌은 잊지 못할 상처가 되었다.

이처럼 삭막한 조직생활에서 나타나는 직장인의 모습을 '갤러리맨'이라고 한다. 골프 관람객처럼 회사 일을 구경하듯 하는 현대인의 소극적 태도를 비유한 신조어다. 다수의 직장인은 삭막한 회사임에도 살아남겠다고 분위기에 따라 주어진 일만 적당히 할 뿐이다. 내면의 양심과 열정은 휴지통에 집어던진 지 오래다. 성공에 대한 의지보다 실패에 대한 불안감이 커져버렸기 때문이다. 답답한 현실에 저절로 한숨부터 터져 나온다.

"휴우!"

더욱 슬픈 사실은? 회사 안에선 이런 답답함을 알아줄 사람이 없다는 거다. 사람 몇 명 없어진다 해도 회사는 잘만 돌아간다는 사실을 알지만, 인정할 수도 부정할 수도 없다. 자본주의 사회의 순리인 것을……. 우리는 알면서 매일 출근하고 있다.

'세상에 널리고 널린 게 잘난 놈 천지인데, 당신 하나쯤 없어도 괜찮지 않겠어?'

경영학에서 누누이 강조하는 것, 인간 두뇌에서 탄생한 스마트한 '자동화 시스템'과 '이윤 창출을 추구하는 효율성' 덕분에 피고용인으로 살아가는 다수의 인간이 상처받고 있다. 그 효율적인 자본주의 시스템의 극단에 서 있는 금융 회사 안에서 개개인의 존재감은 '제로'다.

내가 금융 회사에 몸담았던 2011년부터 2014년은 정체기에 속했고 아직도 모멘텀, 그러니까 성장동력이 부족한 상황이었다. 고도화된 매매 시스템으로 점점 사람의 손길이 필요 없어지고, 외국인 투자자들이 쥐락펴락하는 불안정한 주식 시장이었다. 그 곪아버린 속 안에서 고학력자들은 온갖 스트레스를 견뎌야 했다. 코리안 브로커, 즉 증권 중개 세일즈맨들의 뜨거운 가슴은 식은 지 오래다. 그들의 한숨과 굳어버린 표정을 곁에서 지켜봐야 하는 막내인 나 역시 중심을 잡기 힘들었다.

"예은 씨, 우린 용병이야. 돈 벌어오는 용병에 불과하다구."

아직도 뇌리에 잊히지 않는 두 글자, 용병! 호주계 증권 회사 입사 후 얼마 되지 않아 P 전무가 나간 뒤, 어느 세일즈 상사가 했던 말이다. 용병의 뜻은 조직에 대한 주인의식 하나 없이 월급과 회사 로고가 멋지게 박힌 명함 속 직위 같은 표면적 조건만을 바라보고 회사를 다니는 모습을 의미했다. 회사에서 해고 통보를 받더라도 언제든지 쿨하게 자리를 정리해줘야 하는 현실……. 미래에 대한 확신도 가질 수 없는 불안정한 환경 속에서, 우리는 무엇을 위해 아직도 똑같은 자리에서 일하고 있는 걸까?

2014년 10월 말, '국내 기업 4곳 중 하나 현재 구조조정 준비 상태'라는 기사가 인터넷 뉴스에 줄줄이 떴다. 장기적인 경기침체로 기업들이 효율성을 위해 인력을 정리한다는 내용이었다. IMF 외환위기 이후로 '구조조정'이라는 단어가 낯설지만은 않다. 세월이 흐를수록, 회사와의 일방적인 갑을관계에 점차 익숙해져간다. 그럼에도 불구하고 여전히 대기업으로 입사 지원자가 몰리고 있다는 사실은 참으로 아이러니하다.

결국은 '남들의 시선'에 맞추어 살아가는 현대인들이 불러온 결과다. 외적인 면이 무척 중시되는 21세기 시대에서 나 자신의 만족감마저 상대의 평가에서 나온다. 타인의 잣대가 곧 내 삶의 기준이 되어버린 것이다. 좋은 직장, 빵빵한 연봉, 승진, 안정적인 배우자 등 보이는 조건들에 목숨 걸기 때문에 심리적으로 불안정한 삶을 살게 된다.

어린 나이에 격한 자본주의 노동 시장을 경험한 것은 행운이라고 생각한다. 막내 어시스턴트 역할은 직접적으로 영업 전선에 뛰어들지 않은 '관찰자'라고 볼 수 있기 때문이다. 침체된 주식 시장에서 실적에 대한 압박을 받고 스트레스를 온몸으로 억누르는 증권맨들을 보며, 금융업종에 대한 환상이 착각이었음을 조금씩 깨닫기 시작했다. 마음속에서 갈등의 싹이 점점 자라났다.

'이대로 회사만 바라보며 얌전히 살아야 하는 걸까? 행복을 찾기 위해 또 다른 어떤 삶을 선택해야 하는 건 아닐까?'

사람을 피고용인으로 길들이는 인큐베이터 공장 속에서 더 늦기 전에 내 미래를 고민해야 했다. 불확실한 환경 속에서 잉여인간 취급을 당할 것인지, 좀 더 확실한 인생을 살기 위해 액션을 취할 것인지는 스물여섯 살, 나의 숙제로 남았다.

04

다닐 것인가,
때려치울 것인가?

언덕 아래 커다란 바위가 있다. 바위를 언덕 정상에 올려놓아야만 살 수 있다. 경사진 언덕 위로 바위를 열심히 굴려 올린다. 힘에 부쳐 잠깐 한눈을 판 사이 바위가 다시 밑으로 굴러 떨어진다. 언덕 아래로 내려와 다시 바위를 굴려 올린다. 하지만 중력이라는 자연의 힘에 막혀 바위는 자꾸만 굴러 떨어진다.

신의 미움을 사 벌을 받는, 그리스 신화의 시시포스 이야기다. 상상만 해도 가슴이 답답해지는 이 반복적인 노동을 통해 무엇이 연상되는가? 생존을 위해 끊임없이 일을 하는 수많은 현대인의 모습이 오버랩되지 않는가? 시시포스는 반복된 현실 속에서 돈을 벌어야만 하는 인간의 모습을 상징하는 듯하다.

아침마다 피로에 찌든 몸을 겨우겨우 일으켜 출근한다. 자리에 앉자마자 사람에 치이고 일에 치이며 정신없이 하루를 보낸다. 퇴근 후 무거운 몸을 이끌고 집으로 간다. 하루가 어떻게 지나갔는지도 모른다. 다음 날, 이메일을 체크해보니 해야 할 일이 또 어제만큼 쌓여 있다. 아침 9시 땡 하기가 무섭게 상사는 다른 업무를 한 아름 선물한다.

"이 건 처리 좀 해줘야겠어. 이번 일만 끝나면 좋은 데 가서 한잔하자구, 알지?"

지금 쌓인 일도 꽤 되지만 회사에서 살아남기 위해 무조건 하는 것이 맞다. 눈 딱 감고 대답한다. 유능하고 든든한 부하 직원의 모습으로 잠시 코스프레를 하는 순간이다. 그렇게 하루 종일 일에 끌려다닌다. 줄줄이 소시지 같은 일을 처리하고, 또 다른 일을 처리한다. 회사 업무로 반복된 일상 속에서 나라는 자아는 점점 작아진다. 이젠 퇴근 시간과 휴가 날만을 바라보며 일한다. 마치 생존을 위해 끝이 보이지 않는

형벌을 감내하는 시시포스처럼…….

어린 시절부터 꿈꿔온 나만의 이상과 다른 막상 마주한 현실 사이의 괴리감, 하고 싶은 일과 해야만 하는 일 사이의 갈등, 마음먹은 일들이 원하는 대로 풀리지 않았을 때의 좌절감까지! 독립 인생의 출발선 위에서 대한민국 청춘들이 겪는 복잡한 심리 상황이다. 현실 속에서 행복과 성취의 본질과 멀어지고 있는 것은 아닌지 되짚어볼 때이다.

지난 4년간 자의 반, 타의 반으로 운 좋게 공백 기간 없이 세 군데의 외국계 증권사에 몸담았다. 남들에게는 좋은 회사에서 일했다는 표면적 화려함만 비춰졌다. 하지만 막내 포지션에서 온갖 궂은일을 직접 도맡아 하며, 그 화려함 뒤에 숨은 면을 많이 볼 수 있었다. 보이는 것이 전부가 아니었다.

사실, 국내에 들어온 글로벌 기업들은 그 이름만 들어도 대단하게 느껴진다. 영화나 TV에서만 보았던 이국적 화려함이 그려진다. 탁 트인 사무실에 모던한 인테리어, 다양한 국적의 사람들이 웃는 얼굴로 서로 건네는 아침 인사, '굿모닝!'까지……. 그러나 현실은 180도 다르다. 언제 얼음이 깨져 물에 빠질지 모른 채 외로이 빙판 호수 위를 걷고 있는 살벌한 기분이랄까.

한국에 있는 외국계 증권 회사들은 실적을 만들어내 본사의 재무제표를 탄탄하게 도와주는 공장에 불과한 듯했다. 물론 서구적 사고가 밑바탕에 깔려 있기 때문에 개인주의적 성향이 강한 것은 당연하다. 지나치게 물질과 합리성만을 추구하는 이들은 본사 비전을 제대로 공유하지 못한 채 각자 단기적 실적에만 매여 있는 것 또한 사실이다. 그 단기적 실적은 바로 옆자리 동료마저 적으로 만든다. 회사에서 살아남기 위해 모두가 암묵적인 경쟁자가 되는 것이다.

어느 기업이든 추구하는 핵심가치(Core Value)가 있다. 티끌 모아 태산이라고, 말처럼 조직의 핵심가치가 진가를 발휘하려면 리더나 본사에 발맞추어 구성원들 모두 같은 목표를 지향해야 한다. 또한 다변화 시대에 목표 달성을 위해서는 수평적 구조에서 활발한 소통이 필수다.

그러나 불안정한 주식 시장 속 실적 압박과 동료가 곧 경쟁자인 사무실 분위기에선 기업가치의 공유란 사실상 불가능하다. 회사에서 늘 강조하는 '팀워크'는 전시적 표어일 뿐이다. 심지어 지나가는 말로 이런 이야기까지 들었다.

"언제 등에 비수를 꽂을지 모른다니깐."

마치 경마장의 경주마들이 서로를 따돌리고 1등을 하기 위해, 살기 위해 앞만 보고 달리는 것 같았다. 경마장의 전체 수익에는 도움이 되는 퍼포먼스지만, 경주마들은 단기 경쟁의 반복으로 지치게 마련이다.

업무 환경이 이렇게 치열하다 보니 퇴사율도 높다. 평균 근속연수가 3년이 채 안 되는 곳도 허다하다. 좋은 조건이 있다면 언제든지 다른 회사로 옮긴다는 게 이 업계 사람들의 마인드다. 지금 몸담고 있는 회사는 내 이력에 힘을 주기 위한 중간 기착지일 뿐이다.

경주마들에게는 주인의식이라는 것이 없다. 영혼도 없다. 그 때문에 젊은 직원들은 가치에 대한 내적 갈등을 심하게 겪기도 한다. 하지만 좋은 직장에서의 경력을 위해, 풍족한 월급을 위해, 새로운 도전에 대한 두려움 때문에 스스로에게 솔직하지 못하다.

과거 세일즈 어시스턴트로 처음 일했던 증권 회사, 같은 층에 85년생 또래 친구들이 있었다. 서로 다른 부서였지만, 85클럽이라 부르며 사내 카페테리아에서 만나 수다를 떨곤 했다. 주로 하는 이야기는 회사에서 겪는 스트레스와 실망감이었다. 글로벌 금융 회사에서 멋진 커리어를 쌓는 자신의 모습을 꿈꾸며 입사했지만, 현실에서 부딪히는 가치관의 갈등은 우리를 힘들게 했다. 그때 우리가 했던 고민은 다음과 같다.

· 마땅히 할 일을 해야 하는가, 좋아하는 일을 해야 하는가?
· 본질을 추구할 것인가, 내게 주어진 현실과 타협할 것인가?
· 멀리 보고 행동할 것인가, 일단 눈앞에 있는 것부터 처리할 것인가?

4년이 지난 지금, 85클럽 아무도 그 회사에 남아 있지 않다. 화려함 속 참을 수 없는 존재의 가벼움을 버리고 각자가 자신의 열정이 이끄는 삶을 택한 것이다. 모두 다른 업종에서 새롭게 커리어를 시작해 행복하게 살고 있다. 그중 업종을 바꿔 즐겁게 일을 배우고 있는 한 친구는 자신 있게 말했다.

"거기에 계속 있었더라면 아직도 컴퓨터 앞에 꼼짝 못한 채로 끔찍하게 살고 있을 거야."

극단적 자본주의 환경에서의 경험을 통해 돈으로 살 수 없는 중요한 가치를 깨닫게 된 셈이다. 베스트셀러 『원씽』의 저자 게리 켈러의 메시지를 곰곰이 생각해보자.

'우리는 주변 환경을 어떻게 해석하느냐에 따라 환경의 영향을 많이 받을 수 있고, 적게 받을 수 있다. 큰 그림을 보지 못하면 반복적인 성공만 찾게 된다. 왜 그럴까? 일단 원하는 것을 얻고 나면 금세 익숙해지기 때문에 머지않아 행복감이 사라진다. 우리의 삶을 더욱 의미 있게 만들어줄 방법을 찾아 거기에 몰입하면 할수록 오래도록 행복할 수 있다는 것이다. 매일 하는 행동이 더 큰 목적의식을 충족시킨다면, 가장 강력하고도 오래 지속되는 행복이 가능해질 것이다.'

대부분의 직장인이 갈등하는 것은 결국 '회사를 다닐 것인가, 아니면 그만둘 것인가?'이다. 이직한 직장인 인구의 절반이 연봉에 불만을 품은 '신입'이라는 조사 결과도 이를 대변해준다. 하지만 그 순간 내 상황을 되짚어보아야 한다.

· 지금의 일을 하는 이유는 무엇인가?
· 내가 가고자 하는 방향은 올바른가?
· 나에게 중요한 것은 무엇인가?

나만의 목적의식, 굳은 심지를 찾아야 한다. 그 목적의식이 내가 가야 할 길에 좀 더 강력한 확신을 심어줄 테니까 말이다. 단순히 지금 현실이 불만족스러워 그만둘 생각을 하는 것은 아닌지 곱씹어볼 필요가 있다. 조건이 아닌 진짜 행복을 위해 결정을 해야 한다.

작가 제프리 제임스는 저서 『왜 회사에서는 이상한 사람이 승진할까?』에서 이렇게 말한다.

'지금 직장을 혐오하는 경우 이직해도 지금만큼이나 혐오스러운 직장으로 옮겨 갈 가능성이 높다.'

부정적 감정은 명확한 판단을 흐리게 한다. 목적의식에 따라 의사 결정을 해야 후회가 없다. 무턱대고 다른 직장으로 옮기거나 남들 다하는 쇼핑몰 사업을 시작하면 나아질 거라는 근거 없는 기대는 더욱 위험하다. 잦은 이직과 트렌드만을 따라가는 창업은 도피에 불과하며, 또 다른 실패를 불러올 뿐이다. 현실과 싸움할 때는 내 마음에 물어보라.

· 지금 나는 어떤 상황인가?
· 내가 가고자 하는 인생은 어느 방향인가?

스스로 정한 목적의식의 울타리 안에서, 뜻에 부합하고자 최선의 선택을 하게 될 테니까 말이다. 요컨대 당장의 '탈출'이 아닌 '돌파구'를 마련해야 한다.

05

회사는 황량했고,
나는 환멸을 느꼈다

첫 직장 호주계 증권사에서 가장 많이 들었던 질문이 있다.

"그래서 학교는 어디 나왔는데?"

"집은 어디야?"

"부모님은 뭐하시고?"

서울 소재의 좋은 4년제 대학을 졸업했고, 화목한 가정에서 별다른 어려움 없이 자랐고, 그런 환경 속에서 긍정적인 캐릭터로 성장해온 나! 그럼에도 불구하고 배경을 캐묻는 이러한 질문들은 묘한 소외감을 불러일으키며 내 귀는 물론 가슴까지 후벼 팠다. 그놈의 학연, 지연은 상대적으로 나를 위축시켰다.

이른바 SKY의 상위권 대학, 혹은 외국 대학 출신이 대부분인 회사에서 만년 꼴찌라는 느낌이 들 정도였다. 활발한 성격을 앞세워 어울리긴 했지만, 심리적으로 어시스턴트라는 롤에 나 자신을 가둘 수밖에 없었다. 우성 껍데기 유전자를 입은 사람들은 자기 기준 외의 사람들은 무시했다. 그들의 물질적인 풍요에서 나온 거만함은 서로에게 비수로 돌변하기도 했다.

각자 개성이 강하고 자존심이 센 사람들이 모인 세일즈 부서는 직원들이 뭉치기가 힘들었다. 개개인의 실적이 곧 자신의 직함이며 연봉을 결정하는 시스템인지라 나 혼자 일한다는 분위기가 될 수밖에 없었다. 고객 영역 확보와 실적 경쟁은 보이지 않는 팽팽한 긴장감을 조성했다.

게다가 세일즈 부서 직원들은 회사의 이윤을 직접적으로 만든다는 이유로 다른 부서들보다 스스로 선도적 위치에 있다고 여겼다. 절대 융화될 수 없는 물과 기름처럼 회사는 세일즈 부서와 세일즈 아닌 부서로 나뉘어 있었다. 내부 괴리는 언제나 부서 간에 심한 갈등을 낳았다. 서로를 비난하는 말은 과연 무엇을 위한 것이었을까?

"아니, 세일즈팀이 벌어다 준 돈으로 지들 월급 나가는데, 이걸 이렇게 늦게 처리해줘?"

"세일즈팀? 기본적인 매너와 상식도 없는 부서야."

모두가 자기 입장이 먼저라고 옥신각신하는 모습, 우리가 말하는 '좀 배웠다는' 사람들이 맞나 싶을 정도였다.

개인이건 팀이건 모두 자존심만 앞세운 회사 분위기 속에서 서로 할퀴며 불통의 벽만 쌓아갔다. 이런 조직에서 당연히 팀워크와 충성심이란 있을 수 없었다. 단지 돈을 벌고 커리어를 쌓기 위해 출근할 뿐이다. 또한 학연과 지연으로 사람을 평가하니 참된 관계 형성이 이뤄지지 않는다. 모두가 오늘 자기 밥그릇만 배불리 채우면 되는 탐욕의 인간에 지나지 않았다. 많은 젊은이의 선망의 일터, 글로벌 금융 회사는 한국에 자리를 잡으며 점차 변질되어갔다. 본사의 기업 문화나 핵심가치는 제대로 공유되지 않을뿐더러 점차 거래량과 투자가 줄어 악화되는 현지 한국 시장의 분위기에 따라 자신의 안위만 챙기려는 사리사욕이 늘어가는 듯했다.

윗사람들의 그런 모습에 영향을 받은 젊은 직원들 역시 점점 눈에 총기를 잃어가는 듯했다. 열정은 사라지고, 시키는 대로 하는 수동적 인간으로 변해갔다. 결국 악순환인 것이다. 열망이 식은 젊은이들이 승진하면 또 다른 부하 직원의 열정을 사그라뜨릴 테니까. 당시 스물여섯의 어린 나에게도 사내에 존경할 만한 인물이 없다는 것이 가장 힘들었다. 아무것도 모른 채 뜨거운 가슴을 부여잡고 배에 탑승했건만, 그 배에는 사공이 너무 많았다. 여기저기서 큰 소리만 날 뿐, 아무도 모두를 위해 방향타를 한곳으로 모으질 않았다. 더 드넓은 물 위를 힘차게 나아가야 하는 배는 산으로 가고 있었다. 엉뚱하게 산으로 가는 배 위에서 나는 갈 곳을 잃었다. 한배를 타고 있다는 생각은 점차 사라지기 시작했다. 뛰어내려서라도 앞으로 나아가기 위한 방법을 찾아야 한다는 것을 서서히 깨달았다. 물질적 결핍보다 더한 것은 마음의 가난이었다. 마음의 가난은 사람들을 불안에 떨게 했다.

나를 비롯한 회사 사람들에게 필요한 것은 월급이나 당위 때문이 아닌, 자발적으로 조직에 따르는 마음이었다. 그러다 보니 충성도가 떨어지는 직원들은 좀 더 좋은 조건을 제시하는 타사로 미련 없이 떠나갔다. 내가 입사한 2011년 당시와 4년이 지난 지금을 비교해볼 때,

자의 반 타의 반으로 자리를 계속 지키고 있는 구성원은 10퍼센트에 지나지 않는다. 내가 알고 있었던 그 회사는 더 이상 존재하지 않는다.

외국계 증권 회사의 내부 신뢰를 논하는 이 시점에서 미국 사우스웨스트항공의 지도자 허브 켈러허의 경영철학에 주목할 필요가 있다. 그는 조직 내부의 신뢰 형성을 제1순위로 삼았다. 공개 석상에서 한 기자가 켈러허에게 주주와 종업원 중 누가 우선인지 물은 적이 있다. 예민할 수도 있는 질문에 그는 서슴없이 답했다.

"직원이 먼저입니다. 직원을 제대로 대접하면 직원들이 바깥세상을 제대로 대접하게 되고, 바깥세상은 우리 회사의 제품을 다시 이용하게 되지요. 그렇게 되면 주주는 자연히 행복해지는 거고요."

그는 직원들의 생산성을 높이려면 회사가 먼저 직원들에게 믿음을 주어야 한다는 사실을 알고 있었다.

한 단계 더 나아가 스타트업 전문가 마틴 베레가드는 『스마트한 성공들』에서 이렇게 말했다.

'함께 여행 가고 싶은 사람들과 일하라.'

그만큼 업무 파트너는 많은 시간을 보내도 좋을, 서로 이끌어주고 마음이 맞는 상대여야 한다는 거다. 발전 가능한 사람들과 함께한다면 서로 동기부여도 되어주고 일도 재밌게 풀릴 수 있다고 한다. 작은 갈등에 일희일비하지 않는 신뢰관계는 감정 소모로 에너지와 시간을 낭비하지 않게 한다. 신뢰관계가 주는 시너지 효과의 중요성을, 필요에 의해 어쩔 수 없이 일하는 증권 회사 사람들의 모습에 대입해보자. 왜 그들이 한자리에 오래 머물지 못하는지, 스트레스 지수가 높은지 알 수 있다. 메마른 물질만능주의 환경에서 사람들은 참을 수 없는 가벼운 존재가 되어가고 있다.

지금 자신이 하고 있는 일을 돌이켜보자. 가슴에 손을 얹고, 맡은 업무와 몸담고 있는 조직을 생각하면서 미래가 기대되고 가슴이 뛰는지 느껴보자. 혹시 그렇지 않다면, 급변하는 자본주의 환경에서 살아남기 위해 심장이 아닌 머리로 반응하고 있었던 것은 아닐까? 주변 동료들과 조직에 감사하는 마음으로 대하고 팀워크를 존중하고 있는가? 취업 준비를 하며 느낀 '일'에 대한 절실함, 합격 통보를 받고 세상을 다 가진 것처럼 기뻤던 그때, 그리고 입사 초기의 설렘까지……. 그 열정은 다 어디로 간 것일까?

보이는 편익을 따지는 머리가 아닌, '일'과 '조직'을 향한 상생의 마음이 지금 우리에게 간절하다. 마음이 풍요로워야 열정의 불씨도 오랫동안 살릴 수 있다. 출근을 위한 출근은 그만두자. 더 큰 무언가를 위해 일한다는 신념, 동기부여가 될 나만의 '왜(WHY)'를 찾아라.

　나에게도 각이 살았던 시절이 있었다. 그리스의 햇살처럼 불순함 없이 강렬히 내리쬐는 빛에 '나'라는 조각의 입체감은 또렷하게 살아 있었다. 지금은 열정이 식어버린 환경 때문에 햇살은 사라지고, 나조차도 명확한 선과 각을 잃었다. 다시 입체감을 살리고 각을 서게 만들어줄 뜨거운 햇살을 찾아 나설 때이다. 나라는 조각의 가치를 부각시켜줄 열정의 햇살 말이다.

06

남들의 기준으로 연애하다가
시간만 낭비한다

어느 날 무심코 뒤적인 카카오톡에서 지인의 프로필 사진을 발견했다. 분위기 있게 한껏 치장한 드레스 차림의 결혼 프로필 사진에, 행복이 느껴지는 문구까지……. 1년 전까지만 해도 애인에 대한 불평불만이 끊이질 않았던 그녀는 세상에서 가장 행복한 사람으로 바뀌어 있었다.

'○월 ○일 ○○호텔 볼룸에서 백년가약을 맺습니다. 축복해주세요.'

예상치 못하게 날아온 펀치에 얻어맞은 느낌이었다. '이렇게 또 한 명이 가는 건가?' 하는 허탈감이 몰려왔다. 서른, 결혼 적령기라니 믿기지 않았다. 그리고 얼마 지나지 않아 모바일 청첩장이 스마트폰으로 날아왔다. 기쁘거나 놀라는 감흥도 크지 않았다. 21세기 디지털 세대의 결혼 통보는 참으로 '쿨'하다.

아무리 결혼 적령기가 늦어지고 있다 해도 사회적 분위기에 휩쓸려 들어오는 결혼 압박은 무시할 수 없다. 어디에서 누굴 만나든 관심사는 매한가지다.

"결혼 언제 해? 애인 얼른 만들어야지. 늦게 결혼해서 뭐해."

"소개팅으로 정 안 되면 선이라도 한번 봐봐."

뻔한 질문에는 노랫말 같은 뻔한 대답이다.

"주변에 좋은 사람 있으면 소개시켜줘."

바쁜 업무 탓인지 아니면 눈이 높은 탓인지, 증권 회사에는 유달리 결혼 안 한 싱글이 많다. 누구 하나 못난 사람은 없다. 인물도 출중하고, 성격도 좋고, 스마트하기까지 한 사람들이 도대체 왜? 그들을 보고 있자면 결혼을 안 하는 건지, 못하는 건지 이해되질 않는다. 그렇다고 대인기피증이 있는 것도 아니다. 소개팅 이야기, 연애 이야기는 언제나 젊은 직원들의 핫이슈다. 그만큼 연애 의지는 갖고 있다는 사실!

"어제 소개팅했던 사람, 얼굴 나쁘지 않고, 직장도 괜찮은데…… 스타일이 너무 아저씨야. 창피해서 밥 먹는 것도 힘들었다니깐."

"소개팅 때문에 오랜만에 하이힐 신고 나갔어. 밥 먹는데 분위기도 나쁘지 않았어. 근데 세상에! 서른 살이 넘었는데 차가 없는 거야! 그 덕분에 십 센티미터나 되는 킬힐을 신고 삼청동 길을 뒤뚱뒤뚱 산책했지, 뭐야. 발 아파 죽을 뻔했어. 사람은 나쁘지 않은데, 차 없이 어디 데이트나 제대로 하겠냐구."

만남에서 가장 못된 수식어, '나쁘지 않은'이 문제다. 이 말에는 감정보다는 조건에 기준을 둔 이 시대의 통속적 연애관이 숨어 있다. 사랑이라는 감정도 이젠 조건이 맞아야 생긴다. 좋은 것도 아닌, 나쁘지 않은 것이란? 특별히 싫진 않지만 딱히 연애할 마음도 생기지 않는 그런 미지근한 관계! 열정이 없는 만남은 껍데기뿐인 데이트만 낳는다. 진정한 사랑을 원하는 걸까, 아니면 그저 외로움을 해소하려는 걸까? 헷갈리는 우리 시대의 연애법이다.

나 역시 회사를 다니면서 숱하게 소개팅을 했다.

"예은, 소개팅할래요?"

"어떤 분인데요?"

"좋은 학교 나오고, 지금 회계법인에서 회계사로 있지. 벌이도 좋으니 결혼하면 괜찮을 거야. 사람도 좋고……."

그러고 보니 나도 참 속물이었다. 새로운 만남에 앞서 상대에 대해 가장 먼저 궁금했던 것은 언제나 '직업'이었으니까. 괜찮은 조건(?)을 전제로 만난 사람들은 의사, 변호사, 사업가, 회계사였다. 하지만 조건 대 조건으로 만난 관계는 늘 미지근할 뿐이었다. 내가 상대를 가려가며 만난 만큼 상대방도 내 조건을 보고 소개 자리에 나왔기 때문이다.

"그래도 좋은 증권 회사 다니면, 수입은 나쁘지 않겠네요?"

"아, 막내 어시스턴트라 수입이 그렇게 많은 편은 아니죠. 그래도 먹고살 만해요."

"집은 서울인가요? 부모님이랑 같이 살고?"

"네, 서울 태생이에요. 연애는 많이 해보셨어요?"

"뭐, 공부하느라 제대로 된 연애는 많이 안 했어요. 이제 병원에서 일 시작했으니 얼른 결혼해서 안정된 삶을 살고 싶어요. 같은 병원에 선배가 있는데, 부인이 차려주는 아침밥을 먹고 오는 게 참 부럽더라구요, 하하하."

아무리 착하고 똑똑한 의사면 뭐하나, 대화할수록 점점 더 겉도는 느낌이라니……. 사랑하고 싶은 건지, 밥 차려줄 부인이 필요한 건지 묻고 싶었다. 첫 만남 이후, 여러 번 만나 친해지려고 노력도 해봤지만, 마음이 통하지 않으니 결과는 뻔했다.

내 앞자리에 앉아 있던 서른세 살의 K 대리는 주식 세일즈 업무 때문에 쉴 틈 없이 바빴다. 야근에 고객과의 저녁 약속으로 여자 친구를 만날 시간이 부족했다. 눈에서 멀어진 만큼 마음도 멀어질까 봐 그는 여자 친구와 좋은 관계를 유지하는 데 많은 노력을 기울였다. 값비싼 선물에 호텔 고급 식사를 예약했지만 그녀의 마음은 냉방 상태였다. 그해 겨울, 그는 결국 여자 친구와 헤어졌다. 그에게 남은 거라곤 할부로 샀던 선물의 카드 명세서였고, 잃은 건 시간이었다. 그는 매달 날아오는 카드 명세서에 찍힌 남은 할부금을 보며 한숨을 짓곤 했다.

연애 실패를 반복하면 사랑에 관한 한 냉소적인 인간이 된다. 만나지 말아야 할 이성의 조건들만 쌓이고 쌓인다. 경험을 통해 이상형은 더욱 뚜렷해진다. 누군가를 새롭게 만나자면 이상형의 잣대 위에 상대방을 세우고 단점부터 찾는다. 못된 수식어 '나쁘지 않은'을 붙여가면서 말이다.

2014년 8월 기준, 지난 10년간 대한민국 결혼 건수가 최저점을 찍었다고 한다. 많은 싱글이 사랑과 결혼을 갈망하는데, 왜 이런 현상이 벌어지는 걸까? 미래는 불안하고, 현실 역시 막막하기 때문이다. 자신에 대한 불안감은 누군가에게 경제적, 정신적으로 기대고 싶은 심리를 만든다. 좀 더 나은 인생을 보장받기 위해 조건부 연애와 사랑이 되풀

이된다. 결혼의 전제가 되는 일자리와 주거 비용을 감당하기 어려운 현실 속에서 팍팍한 결혼생활을 할 바엔 차라리 독신으로 지내겠다는 젊은이들이 늘고 있다.

자본주의의 정글을 벗어나 작가의 삶을 선택한 이후, 결혼에 대한 마음의 짐도 내려놓았다. 소개팅도 한동안 하지 않았다. 아니, 해야 한다는 마음조차 들지 않았다. 원하는 일에 집중하며 하루하루를 보내다 보니 자연스레 같은 꿈을 꾸는 사람을 만나게 되었다. 부모님 형편, 월급, 사는 지역에 대한 대화는 전혀 나누지 않는다. 대신 내가 지금 하고 있는 집필 활동과 앞으로 이루고 싶은 동기부여 전문가의 비전을 공유한다. 같은 방향의 미래를 함께 그리자면 가슴이 따뜻해진다. 마음이 통하는 상대에게는 감정에 솔직해지고, 관대해지는 나 자신을 느낀다. 진실한 연애 그리고 사랑에서 중요한 것은 외적 조건이 아니었다.

외로움과 사랑을 혼동하는 싱글들, 그리고 의무감으로 결혼에 접근하려는 싱글들에게 전하고 싶다. 사랑과 결혼은 '때'가 되어야 한다는 말은 틀렸다. 사랑과 결혼은 서로의 미래가 통해야 한다. 청춘에게는 당장의 조건을 따진 급한 결혼보다는 스스로에 대한 확신이 우선시되어야 한다. 확고한 비전이 준비되었다면 그에 걸맞은 파트너는 저절로 따라오게 마련이다. 그러니 결혼 자체에 목숨을 걸지 말고 꿈에 목숨 걸어보는 것이 어떨까?

07

나는 왜
"No"라고 말하지 못해 상처를 받았나?

사람들이 평생을 살면서 가장 후회하는 것은 무엇일까? 이에 대한 답은 수많은 책에 나온다.

'다른 사람의 기대가 아닌, 나 자신에게 솔직한 삶을 살았어야 했다.'

'다른 사람들과의 좋은 관계를 위해 내 감정을 억누르지 말고 솔직하게 표현하는 용기를 가졌어야 했다.'

후회 없는 삶을 사는 데 필요한 것, 즉 진정한 나 자신으로 살 수 있는 용기는 과연 어떻게 찾아야 할까?

얼마 전, 애플의 CEO 팀 쿡은 미디어를 통해 "내가 동성애자라는 사실이 자랑스럽다. 이는 신이 주신 가장 큰 선물"이라며 자신의 성 정체성을 세상에 드러냈다. 미국보다 보수적인 한국에서는 엄청난 사회적 파장을 일으켰을 것이다. 하지만 애플 이사회는 그의 고백에 "우리는 팀 쿡이 자랑스럽다"고 답했다. 이후 아이폰 6의 폭발적인 판매 기록과 주가 최고 기록 경신에 팀 쿡의 커밍아웃 발표가 일조했다는 말까지 나오고 있다. 글로벌 선진 문화의 유연한 사고가 각자의 다양성을 존중한다는 사실을 입증한 사례다. 팀 쿡의 커밍아웃은 거대기업 CEO이자 공인으로서의 책임감을 짊어지고 있었던 무게감 있는 고백이기에, 단순한 성적소수자의 커밍아웃 그 이상의 의미를 시사한다. 개인의 입장을 바탕으로 뜨거운 열정을 커밍아웃한 것이다.

표현의 억압에서 벗어나면 창조의 자유가 발현된다. 원하지 않는 것에 신경을 덜 쓰고, 대신 그 에너지를 원하는 성과에 더욱 할애할 수 있기 때문이다. '자신이 무엇을 원하는지 아는 것의 절반은 그것을 얻기 위해 무엇을 포기해야 하는지 아는 것이다'라는 말도 있지 않은가.

외국계 증권사 영업부 사람들은 일하는 데에서 완벽을 추구한다. 다른 업종보다 숫자에 민감하기 때문이다. 실시간으로 변하는 주가와 고객의 매매 주문을 정확히 다뤄야 손실을 막을 수 있다. 지난해 한 증권사에서 선물 거래 주문에서 실수로 인해 462억 원의 투자 손실을 입고 파산 위기에 처한 사건이 벌어지기도 했다. 그야말로 증권사의 그들은 '칼날 위를 걷는 사람들'이다. 그렇기 때문에 매매를 제외한 다른 업무는 고스란히 각 부서의 막내들 몫이다. 어시스턴트를 비롯한 막내 세일즈, 막내 트레이더는 촉을 세워 상사의 지시를 따른다. 특히 모든 팀을 돕는 어시스턴트는 그야말로 유능한 멀티플레이어가 되어야 한다.

"오늘 아침에 유럽 경제 전망 리포트 나온 거 있죠? 그거 삼십 부만 준비해줘요."

"다음 주, ○○○ 상무랑 홍콩, 싱가포르 출장 일정 잡혔으니 항공 예약 얼른 해야겠네. 홍콩에 연락해서 내부적으로 일대일 미팅도 잡아주고!"

"우리 커피 한잔할까? 내가 쏠 테니 주문받아주세요."

"오늘 점심이 급하게 잡혔네. 여의도에 점심 식사, 방으로 예약 가능한 데 찾아봐요."

이처럼 일방적인 업무 지시는 하루에도 수십 건씩 쏟아진다. 해야 할 일들을 적느라 업무일지는 금세 한 장이 꽉 찬다. 업무 진행 속도가 빠른 증권 회사인지라 모두 자기 일이 제일 급하다고 한다. 숨 돌릴 틈도 없다. 목 뒷덜미에 나도 모르게 힘이 팍 들어간다. 모든 것은 '최대한 빨리' 처리되어야 한다. 거의 모든 업무 요청 이메일에 붙는 수식어도 이젠 익숙하다.

'ASAP(As Soon As Possible, 가능한 한 빨리)!'

언제나 나는 미소로 대답한다. 직급으로나 나이로나 막내로서 나는 모든 팀원에게 '좋은 사람', '팀워크가 좋은 막내'가 되고자 노력한다. 일단 무조건 답한다.

"네! 알았습니다!"

그리고 일을 하나씩 처리한다. 한창 업무를 하는 도중, 또 다른 상사가 새로운 일을 던져준다.

"지금 고객사에 급히 들어가야 하는 자료가 있으니 서류 좀 준비해줘요."

집중하고 있던 일은 이제 우선순위에서 밀려난다. 업무 흐름은 끊기고, 내 앞에서 서류를 받아가려고 기다리는 상사를 보며 마음이 다급해진다. 다시 새로운 일에 착수한다. 서류가 완료된 후, 숨을 고르기도 전에 누군가 묻는다.

"아까 내가 말한 출장 일정 건은 얼마나 처리됐죠?"

그제야 아차 싶다. 아직도 마무리해야 할 일들이 쌓여 있다. 이것저것 손은 댔지만 마무리된 건 얼마 없다. 일 처리가 늦다는 비난이 쏟아진다.

"뭐야, 그렇게 느려서 일 제대로 하겠어?"

"인간성만 좋으면 뭐해?"

결국 모든 사람에게 "예"라고 말한 것이 그 누구에게도 "예"라고 말하지 않은 상황이 되어버렸다. '예스걸'의 오류에 빠지고 만 것이다. 모든 팀원에게 잘해주고 싶고, 일도 최선을 다해 처리하려고 했던 좋은 마음뿐이었다. 도대체 어디부터, 무엇이 잘못된 걸까?

가장 중요한 '단 하나'에 집중하라는 메시지를 담은 베스트셀러 『원씽』은 예스맨들에게 이렇게 충고한다.

'누군가를 위해 해줘야 할 일이 하나둘씩 늘어날 때마다 당신이 시도하는 모든 일의 효과는 줄어들게 된다.'

결국 나는 적을 만들지 않기 위해 '좋은 사람의 함정'에 빠졌던 것이다. 항상 나보다 타인을 우선시하고, 주변 사람들을 실망시키는 게 두려워서 했던 노력이 효율적이지 못한 결과를 가져왔다. 여러 사람의 요청 무게에 짓눌리지만, 나와 다른 사람의 만족을 모두 지키려고 한 행동은 현명하지 못했다. 모두를 기쁘게 하려는 의도가 실패의 원인이었다.

『모두에게 사랑받을 필요는 없다』의 저자 재키 마슨은 좋은 사람 딜레마에 빠진 이들에 대해 이렇게 말했다.

"대부분의 '좋은 사람'들은 선을 분명하게 긋는 것을 어려워한다. 그러한 경험이 별로 없고, 연습을 해보지도 않았기 때문이다. 그러나 '나에게는 선을 분명히 할 권리가 있다'라는 믿음, 혹은 '사람들이 나의 결정을 싫어한다고 해도 나는 여전히 가치 있고 좋아할 만한 사람이다'라는 믿음을 가지고 용기를 내어 조금씩 앞으로 나아가자. 나에게는 나를 먼저 생각할 권리가 있고, 타인의 요구를 거절할 권리가 있다."

중요하다고 생각하는 업무에는 강력하게 "예"라고, 중요도에서 떨어지는 나머지는 "아니오"라고 당당히 말할 때 성과를 낼 수 있다. 나 자신의 성취감과 업무 생산성을 위해 우아하고 당당하게 "No"라고 거절할 수 있어야 한다.

예스걸의 시행착오를 거치고 나서 나는 조금씩 달라졌다. 생각은 넓게 하고, 좀 더 중요하고 디테일한 부분에 집중했다. "네"라고 대답하기 전에 나의 상황을 신중히 점검했다. 점검이 끝나고 나면 당당히 대답했다.

"상무님, 지금 제가 고객 관련 서류 제출 문제 때문에 P 전무를 돕고 있는 중입니다. 말씀하신 건, 오후 네 시까지 처리해도 될까요?"

"지금 급히 처리하지 않으면 안 되는 일을 하고 있습니다. 출장 일정 체크 건, 당장은 힘들 것 같아요. 삼십 분만 기다려주시겠어요?"

나는 현재 내 입장을 뚜렷하게 밝히고, 주어진 업무를 정확히 완수할 수 있는 기한을 말했다. 하루 종일 압박하는 업무 부담에서 벗어나 나만의 업무 룰을 만들었다. 솔직하고 명확한 태도로 소신 있는 일 처리가 가능하게 되었다.

이제 내 입에서 나오는 '아니오'라는 대답은 '못 하겠습니다'의 무능력함이 아니다. 정직과 무능력은 엄연히 다르다는 사실을 누구보다 잘 알기 때문이다. 목표는 단순히, 의사 표현은 확실해야 한다. 집중하려고 할 때 부가적인 요소들은 방해만 될 뿐이다. 선택적 노력이 더 나은 결과를 창조한다. 성공적인 결과를 위해서 에너지를 원하는 곳에 모을 줄 알아야 한다. 열정을 바탕으로 자신의 솔직한 의사를 커밍아웃하라.

08

꿈의 직장에서
꿈을 잃다

첫 직장 호주계 증권 회사는 한마디로 '맨몸으로 맨땅에 헤딩'을 하는 생활의 연속이었다. 거친 업무 환경 속에서 이리저리 부딪히며 정신없는 나날을 보냈다. 스물여섯, 학교를 졸업한 지 얼마 되지 않았던 나에게 글로벌 조직에서 일어나는 모든 것은 너무나 신선했다. 최첨단 시설의 트레이딩 사무실에서 많은 사람이 유창한 영어로 대화를 나눈다. 맛있는 점심 식사에 글로벌 금융기업의 로고와 내 이름이 함께 박힌 멋진 명함까지 손에 쥐었다. 막내 어시스턴트 일은 고되지만, 큰 회사에 소속되어 업무를 배우고 있다는 것 자체만으로도 꿈같았다.

직속 보스였던 증권부 G 대표는 건장한 체격에 구릿빛 피부를 가진 영국인이었다. 늘 밝은 미소와 매력적인 제스처로 팀은 물론 사내에서 인기 만점이었다. 주가가 하강 곡선을 그리고 있어 스트레스로 가득했던 한국 주식 업황에서도 미소를 잃지 않았다. 신사의 나라 출신답게 그의 부드러운 카리스마는 팀을 늘 긍정적 분위기로 이끌었다.

입사한 지 10개월째 되던 초여름의 어느 날이었다. 홍콩에 있는 아시아 본사에서 놀라운 뉴스를 발표했다. 바로 증권부 G 대표를 홍콩으로 발령한다는 것이었다. 그에겐 침체된 한국 주식 시장에서 벗어날뿐더러 아시아 금융의 중심 도시에서 좀 더 넓은 기회가 되는 희소식이었다. 하지만 그와 함께 일했던 한국 세일즈팀원들에게는 갑작스러운 소식이 아닐 수 없었다. 업무 진행 속도가 빠른 증권 회사에서 발령 처리 역시 신속히 진행되었다.

G 대표의 한국 업무 정리로 어수선했던 그때, 주식 매매 시장이 마감을 하고 조용해진 오후 4시쯤 되었을 때였다. 내 자리로 전화가 왔다. 한국에서 남은 일 처리로 바빴던 G 대표였다.

"예니, 잠깐 내 사무실로 와주겠어?"

나는 늘 하던 대로 미소를 지으며 그의 사무실로 들어갔다. 아직도 그의 첫마디가 또렷하게 기억난다.

"나쁜 소식이 있어."

그의 얼굴은 평소와 달리 경직되어 있었다. 무슨 영문인지 몰랐던 나는 웃으며 대답했다.

"예스, 썰."

"알다시피 지금 한국 주식 시장 상황만큼이나 우리 회사 사정도 좋지 않아. 특히 증권 부서의 실적은 계속 마이너스야."

평소 공개적으로 언급도 하지 않던 실적 문제를 막내 어시스턴트인 나에게 갑자기 왜 꺼내는지 영문을 알 수 없었다.

"사실 내가 한국 대표 자리를 떠나 홍콩으로 가게 되면 당분간 이 자리는 공석으로 남을 거야. 그리고 실질적으로 나를 도와 일했던 예니도 업무가 많이 줄어들 테고……. 그래서 호주 본사에서 결정이 내려왔어. 미안하지만 우리는 예니와 계속 함께할 수 없게 되었어."

"네? 갑자기 그게 무슨 말씀이시죠?"

"본사에서 내린 결정이라 지사 대표인 나도 어쩔 수 없어. 도와주지 못해 미안해. 이건 너의 잘못이 아니야. 단지 좋지 않은 주식 시장 상황과 회사 사정 때문인 거지."

너무나 갑작스런 소식에 가슴이 멎어버리는 줄 알았다. 1년 가까이 증권사에 나름대로 적응해보고자 아등바등했는데 이렇게 한순간 해고 소식을 접할 줄이야 꿈에도 생각지 못했다.

"너무 갑작스러워 무슨 말을 해야 할지 모르겠네요."

"내가 홍콩으로 가더라도, 다른 곳에 일자리가 있는지 알아봐줄게."

나는 덜덜 떨리는 손을 겨우 붙잡으며 제대로 진정도 못한 채 사무실을 빠져나왔다. 나에겐 공식 퇴사 일까지 한 달이라는 기한이 주어졌다. 나의 소식은 팀원들에게도 적잖은 충격이었다.

"아니, 어시스턴트 자리를 하나 없애서 일 년에 돈을 얼마나 더 번다고 그래? 너무한 거 아냐?"

하지만 아무도 도와줄 수 없는 상황! 상사라고 할지라도 결국 회사에 종속되어 있는 건 매한가지일 테니까.

발표 후 한 달 만에 G 대표는 부랴부랴 홍콩으로 떠났다. 한국 지사의 증권부 대표 자리는 공석으로 남게 되었다. 그가 썼던 텅 빈 사무실을 보면서 퇴사가 준비되지 않은 나 역시 흔적 없이 사라질 것이라는 생각이 들었다. 그때 깨달았다. 아무리 신의 직장, 꿈의 직장이라고 한들 결국 피고용인과 고용인의 관계라는 사실을 말이다. 꿈의 직장에서 나는 꿈을 잃어버린 셈이다. 학교 졸업 후, 잘해보겠다는 순수한 열정으로 세상에 맞섰건만 뜻대로 잘되지 않았다. 그만큼 좌절감도 컸다. 과연 무엇을 위해 1년 동안 이 회사에 진심을 담은 에너지를 쏟았던 것일까? 나 자신을 위해? 더 많은 월급 인상을 위해? 아니면 회사의 발전을 위해?

가장 존경하는 시인 고은의 시 한 편을 소개할까 한다.

노를 젓다가

노를 놓쳐버렸다

비로소 넓은 물을 돌아다보았다

고은의 시를 이미지로 떠올려본다. 나는 잔잔한 호숫가에 서 있다. 지금 서 있는 지점에서부터 저 멀리 희미하게 보이는 반대편 종착지까지 가야 한다. 새로운 그곳을 가기 위해 수평선 위로 머나먼 부두를 바라보며 노를 젓는다. 조금씩, 조금씩 가까워져간다. 좀 더 바쁘게 움직이면 더 빨리 도착할 수 있을 것 같아 속도를 낸다. 그러다 노를 손에서 놓쳐버린다. 그제야 마음의 조급함은 사라지고 주변을 둘러볼 여유가 생긴다. 넓은 호수의 전경이 눈에 들어오기 시작한다. 놓쳤더라면 후회했을 정도로 호수는 아름답다.

첫 직장에서 '팽' 당한 내 상황도 마찬가지다. 그저 회사에서 잘 지내기만을 목표로 삼고 편협한 과거를 살았던 나였다. 단기적인 목표

가 아닌 장기적인 목적이 이끄는 삶을 살 때, 어떤 어려움이 닥쳐도 스스로를 지탱할 힘을 가질 수 있다. 큰 그림을 보지 않고 살다 노를 놓치고 나서야 깨달은 것이다.

인생은 마라톤 경주와 같다. 각자가 평생 달려야 하는 코스가 다르고 종점도 다르다. 이 둘 사이에는 여러 공통점이 있다.

첫째, 단번에 승부가 나지 않는 장기전 게임이다.

둘째, 완주하는 모든 사람이 승자다.

셋째, 페이스메이커와 함께 뛰면 힘이 나듯, 혼자보다 여럿일 때 좀 더 좋은 결과를 낳는다.

결국 인생에서 내가 이뤄야 할 최종 목적을 알고 마라톤 코스를 달려야 방황이나 중도 포기의 위험을 줄일 수 있다. 마라톤 선수로서 자신의 코스 위를 달리며 회사의 주인공이 아닌, 인생의 주인공으로 살자. 타성에 젖어버린 삶을 살다가는 예기치 못한 상황에 맞설 용기를 내기 힘들다.

점검해보자. 지금 무엇에 '올인'하고 있는가? 최종 목표로 삼은 것이 혹시 좋은 대학 진학, 취업, 안정적인 결혼은 아닌가? 스스로에게 좀 더 멀리 바라볼 기회를 제공해야 한다. 나는 인생의 첫 해고 통보를 받고, 그에 따른 좌절감을 이겨내면서 점차 단단해짐을 느꼈다. 팍팍한 세상이라는 맨땅에 헤딩하지 말고, 목적의식이 담긴 꿈이라는 하늘을 향해 헤딩하자. 바닥에서 인간이 버려놓은 먹이를 쪼아 먹는 비둘기가 아니라, 무한한 상공에서 비상하는 야생의 독수리처럼……

09

스물아홉,
나는 어디로 가고 있는가?

철석같이 믿었던 첫 번째 회사로부터의 해고 통보, 당신의 상황이라면 어땠을까? 스물여덟 살 평범한 젊은이에겐 인생에서 손꼽을 만한 충격이었다.

"이 업계에 있으면 종종 겪는 일인데, 익숙해져야죠. 괜찮아요."

도리어 위로 같지 않은 위로를 받기도 했다. 증권업계에선 하루아침에 책상이 사라지는 일이 비일비재하다고 하지만 예상치 못한 '팽' 당함은 단순한 분노와 슬픔을 넘어 마음의 상처가 될 수밖에 없었다. 마음의 상처는 흉터가 되어 얼룩으로 남았다. 항상 부모님의 품 안에서 위기감 없이 안락하게 자라왔기 때문일까, 다가올 앞날이 막막할 뿐이었다. 성실하게 일하더라도 어떤 미래가 펼쳐질지 보장할 수 없는 상황, 태어나서 처음으로 삶에 대한 진지한 생각에 잠겼다.

'과연 어떻게 사는 것이 맞는 걸까?'

반대로 생각해보면, 지금까지 잘 닦여진 길 위에서 안정적인 여정만을 걸어왔기 때문에 삶이라는 근본적 주제를 고민해볼 여지가 없었던 거다. 맞벌이를 하며 수십 년간 바쁜 도시생활을 해오신 부모님, 먹고 입는 것은 걱정해본 적 없었던 유년 시절, 대부분의 학생이 그러하듯 대학 진학을 위해 수능 점수에 '올인'했던 학창 시절까지……. 대학에 입학하고 나서도 언제나 인생의 기준은 내가 만들어놓은 것이 아니었다. '그냥 남들 다 하니까, 안 하면 뒤처질까 봐'의 마음가짐으로 영혼 없는 토익 공부, 자격증 시험, 봉사 활동에 20대 인생의 절반을 보냈다. 늘 단기 목표를 추구하고 살아왔지만 인생의 목적은 구체적이지 않았다. 그저 막연하게나마 풍요, 행복이 목적이었달까! 기성 사회의 틀에 길들여져 살아왔던 나에게 첫 직장에서 책상을 잃은 사건은 단기 목표를 차단당했다는 점에서 큰 타격일 수밖에 없었다.

미래를 향한 목표 지점을 상실한 불안정한 상황에서 몇 주를 방황했다. 그 사이 나를 좋게 봤던 트레이더로부터 새로운 일자리를 추천받았다. 상사의 적극적인 소개로 프랑스계 증권사에서 세일즈 어시스턴트 인터뷰를 보았다. 여러 차례의 인터뷰 끝에, 세일즈 어시스턴트로서 합격 통보를 받았다. 첫 직장에서의 해고 통보 후, 미래에 대해 갈피를 잡지 못하고 있던 상황에서 감사해야 할 기회였다.

그럼에도 마음 한구석에선 새로운 일터에 대한 거부감이 생겨나고 있었다. 물론 합격 통보를 받고 나서 굉장히 기뻤던 것은 사실이다. 그러나 그 기쁨은 안정적인 월급을 탈 수 있어서, 다시 어딘가에 소속되어 안전하게 미래 계획을 할 수 있어서, 남들에게 과시할 만한 좋은 회사여서라는 표면적 기쁨에 불과했다. 나 스스로도 알고 있었다. 내면에서 말하고 있는 무언가와 진행되고 있는 현실의 불일치감은 나를 계속 괴롭혔다.

프랑스계 증권사의 세일즈 어시스턴트. 좋은 급여 조건에, 사람들이 인정하는 글로벌 금융 회사의 네임밸류, 체계적이고 합리적인 업무 환경이 나를 기다리고 있었다.

'이것들이 진정 내가 바라는 삶이었을까?'

최종 계약서에 사인을 마치고, 모든 것이 순탄히 흘러갔지만 마음은 계속 나에게 다른 메시지를 보내는 듯했다. 입사 후, 다시 증권 회사의 분주함을 겪으며 마음과 현실의 불일치감은 조금씩 무뎌지고 있었다.

첫 직장에서 해고 통보를 받은 후 생긴 상처는 나를 바꿔놓았다. 예전과 비슷한 업무 환경에서도 끊임없이 이질감을 느꼈다. 예전처럼 월급을 받기 위한 어시스턴트 업무에 온전한 열정을 쏟을 수 없었다. 언젠가는 옆자리에 앉았던 과거의 인물들처럼 쫓겨나든지 아니면 스스로 번아웃되어 나가든지 둘 중 하나였기 때문이다. 그런 갈등의 나날 속에서, 5개월 만에 규모도 더 크고, 사회적으로도 인지도 또한 더 높은 골드만삭스 증권 회사에서 인터뷰 제의를 받았다. 결국 더 좋은 조건으로 회사를 옮기게 되었다. 스물여덟 살, 한 해에 일터를 두 번이나 옮긴 셈이다.

골드만삭스, 회사의 영향력은 명성만큼이나 막강했다. 근무하는 곳이 골드만삭스라고 소개하면, 모두 칭찬과 감탄으로 대화를 시작하곤 했다.

"들어가기가 하늘에 별 따기라는 회사를 입사하다니, 굉장한데?"

"도대체 그런 곳엔 어떤 사람들이 일하는 거야?"

사람들의 반응에도 내 마음은 움직이질 않았다. 일을 잘하려는 순간적 열정은 발휘되었지만 그 열정의 불씨가 지속적으로 유지되지는 못했다. 두 번이나 직장을 옮기며, 업무 조건과 경력은 점차 좋아지고 있었다. 그러나 외부 조건의 향상이 전부가 아니라는 사실 역시 점차 깨닫게 되었다. '일'과 '진짜 인생'에 대해 고민하는 시간이 점점 많아졌다.

· 나에게 일이란 어떤 의미인가?
· 인생에서 가장 중요한 것은 무엇일까?

내면에서 그동안 나에게 끊임없이 보냈던 메시지, 그 '무언가'는 바로 목적의식이었다. 인생에서 이루고자 하는 최종 목표를 향한 고민은 깊어져갔다. 더 이상 좋은 음식, 넉넉한 월급, 글로벌 금융 회사의 명함이 새로운 감흥을 이끌어낼 수 없었다. '조예은'의 인생을 살아가는 데에 특별한 의미와 목적이 필요했다. 주변 환경에 끌려다니는 삶의 패턴에서 넘버원(Number One)이 되기보다, 주체가 되어 나만의 인생을 살아가는 온리원(Only One)이 되어야겠다는 생각이 들었다.

온워드(Onward). '전진, 앞으로'의 의미를 담고 있는 이 단어는 스타벅스를 전 세계 최고의 커피 전문점으로 일궈낸 하워드 슐츠의 인생 모토다. 첫 커피숍 '일 지오날레'를 오픈했을 당시, 하워드는 직원들에게 사명과 목표를 담은 진심 어린 편지를 썼다고 한다. 편지 안에 그가 썼던 기업 사명은 다음과 같았다.

'최상의 커피를 제공하는 지구상에서 가장 훌륭한 커피 회사.'

'진실한 마음으로 고객의 삶을 충만하게 함으로써 존경받는 커피 회사.'

그리고 편지 마지막 부분 서명은 '감사합니다(Thank you)', '진심을 담아(Sincerely)'로 적는 대신 '온워드'를 썼다. 하워드 슐츠는 커피 전문점 운영에 명확한 철학과 신념을 가지고 있었다. 저서 『온워드』에서 그는 미래에 대한 확고한 비전인 '온워드'에 대해 다음과 같이 이야기하고 있다.

'그것은 내 작은 회사가 시작하려고 하는, 두렵지만 흥미로운 모험과 여정에 걸맞은 일종의 준비 명령이었다. 적극적으로, 날렵하게, 그리고 공격적으로 전진하는 것. 성공을 향한 끓어오르는 열망을 품고서 언제나 고개를 높이 쳐든 채 앞으로 가는 것이다.'

비즈니스에 대한 열정과 목표의식을 편지에 적은 지 16개월 뒤, 결국 하워드 슐츠는 스타벅스를 인수했다. 이처럼 명확한 목표의식은 곧 인생의 빅 픽처(Big Picture)가 된다. 빅 픽처는 삶의 온갖 상황에서 올바른 방향으로 사고와 행동을 할 수 있게끔 나침반 역할을 해주는 것이다.

하워드 슐츠의 스토리처럼 우리도 '나만의 온워드', 즉 인생의 목적의식을 정립할 필요가 있다. 세상의 그 어떤 성공 스토리도 시작은 마음에서 비롯된다.

매 공채 시즌마다 취업 관련 신조어가 등장한다. '20대 태반이 백수는 이태백', '연애, 결혼, 출산을 포기한 2030은 삼포 세대', '10대도 장차 백수가 될 가능성이 보인다는 십장생'까지, 듣다 보면 씁쓸한 웃음만 나온다. 물론 산업·사회 구조적으로 불균형이 있다고 하지만 가장 근본적 원인은 바로 우리 청춘 세대에게 있다. 자신이 뭘 잘하는지, 무엇에 가슴이 세차게 뛰는지 고민하지 않는다. 스스로에 대해 궁금해하기보다 기성 사회의 취향만 신경 쓰다 보니 당연히 일자리 수요가 한쪽으로 몰릴 수밖에 없는 것이다.

삶은 원하든 원하지 않든 '도전'으로 가득하다. 대학 진학, 취업, 결혼 등 인생의 변곡점이 될 순간에 도전과 고난은 당연히 있게 마련이다. 중요한 것은 그 어려움 속에서도 더 큰 무언가를 배우고 도약하는 데 필요한 굳은 심지이다. 나에겐 첫 직장에서의 해고 통보가 인생의 목적의식을 고민하게 된 디딤돌이 되어주었다. 지금 생각해보면 실직의 경험은 진짜 인생을 살게 해준 고마운 계기다.

혹시 지금도 더 좋은 학벌, 빵빵한 일자리, 스펙 좋은 배우자와의 결혼을 고민하고 있는가? 혹시 내가 진정으로 하고 싶은 일이라기보다 사람들이 만들어놓은 기준에 맞춰가는 일은 아닌지 솔직하게 점검해보자. 머리가 아닌 마음의 렌즈로 현재를 바라봐야 한다. 내 안의 강렬한 열기와 불꽃을 지속시킬 목적의식을, 그 '특별한 무언가'를 절실하게 찾아 가져야 한다.

10

결정적 순간에
사표를 낼 수 있는가?

서른은 특별하다. 나 역시 더 이상 20대의 어리숙함은 용납되지 않고 인생에 대한 책임감은 가중되는 서른을 맞게 되었다. 외국계 증권사 세일즈 어시스턴트 4년 차. 이제 주식영업부의 대체적 흐름을 어느 정도 파악했다고 하겠다. 그 세월만큼 가슴속에 수없이 새겨두었던 '참을 인' 자가 쌓이고 쌓여 감흥 자체도 무뎌지고 있었다.

서른 번째 새해 첫날을 맞이하며 결심했다. 인생의 변곡점을 만드는 한 해를 만들겠노라고! B와 D 사이에 C, 즉 탄생(Birth)과 죽음(Death) 사이에 변화(Change)가 있다는 말처럼 그 시점을 더 이상 미루고 싶지 않았다. 가슴을 두근거리게 하고, 어떤 상황에서도 나만의 길을 꿋꿋이 행복하게 가도록 해주는 인생의 최종 목적이 필요했다. 그동안 미친 듯이 열정을 쏟았던 것들을 되짚어보았다. 여행, 식도락, 요리, 프랑스, 요가……. 예상했던 것보다 좋아하는 것들의 콘셉트가 확실했다. 그때 문득 머리를 때리는 생각이 있었다.

'지난 십 년 동안의 여행 스토리를 책으로 만들어보면 어떨까?'

그렇게 첫 번째 여행 저서가 시작되었다. 여행 작가가 되고 싶다는 마음이 나를 움직이게 한 것이다. 진짜 하고 싶다는 느낌이 드는 일을 발견하자, 장기적인 인생의 목적도 안개가 걷히듯 선명해졌다. 그동안 걸림돌처럼 느껴졌던 외부 조건들을 벗어던지고 단순하게 생각하면 답을 금방 찾을 수 있었다.

치열한 삶의 현장에서 살아남을 수 있었던 힘은 바로 수많은 여행에서 간접적으로 누렸던 자유였다. 낯선 환경에서 이방인이 되기를 스스로 자처하는 것은 수동적인 삶과 정반대였다. 사회적 틀이라는 구속에서 벗어났다는 해방감, 그리고 차이(Difference)와 개개인의 정체성(Identity)을 존중하는 개방적 사고방식은 꽉 막혀 있던 숨통을 트게 했다. 숨 가쁘게 흘러가는 증권 회사를 긍정적으로 다닐 수 있었던 비결은 여행 경험에서 시나브로 배운 도전 정신과 자유로움이었다. 스스로에게 솔직해야 했다.

'인생에서 다른 어떤 것보다 강하게 원하는 것!'

그것이 바로 목적이자 행복 자체였다.

『나는 세계일주로 경제를 배웠다』의 저자 코너 우드먼도 세계일주를 하기 전까지 꿈 너머 진짜 꿈을 갈망했다. 금융업계에서 고액 연봉을 받는 서른 살 싱글의 화려함에 감춰진 실상은 많이 달랐기 때문이다. 과도한 업무와 스트레스로 숨 막히는 나날의 연속이 그를 짓눌렀다. 일과 씨름하던 어느 날, 그는 문득 생각했다.

'번지수를 잘못 짚었어. 나는 이러려고 경제학을 공부한 것이 아니라고. 이 일을 그만두어야겠어, 오늘 당장!'

결국 코너 우드먼은 전공이었던 경제학을 전 세계 현장 속에서 직접 체험하기 위해 회사에 사표를 던졌다. 런던의 고급 아파트를 처분하고 수중에 있던 돈 전액을 주식이나 펀드, 저축이 아닌 본인에게 투자했다. 세계일주를 마치고 나자, 목표로 했던 이자액의 두 배가 넘는 성과를 올리게 되었다. 더 나아가 모니터 앞에서 수백억 원을 거래할 때는 몰랐던 경제의 진짜 의미를 깨닫게 된 것이 세계일주의 가장 큰 수확이라고 그는 이야기한다. 저서 마지막 부분에서 강조한 이야기는 여행을 통해 도전하려는 나를 아직도 설레게 만든다.

'모두가 새로운 직장을 얻을 수 있을 만큼 일자리가 충분하지는 않다. 일터를 잃은 사람들은 돈을 벌기 위해 다른 방법을 모색해야 한다. 필요가 투자의 어머니라면 사람들은 자기 자신에게 효율적으로 재투자해야 할 것이다.'

나는 코너 우드먼처럼 더 이상 회사를 위해 귀한 시간을 투자하고 싶지 않았다. 온전히 나에게 투자하고 싶었다. 투자에는 만약의 상황에 대한 리스크를 알고도 자신의 투자철학으로 과감하게 밀어붙일 줄 아는 결단력이 필요하다. 보이지 않는 양치기의 지시를 따르는 순한 양이 아닌, 모든 사람이 가는 길도 옳지 않다면 "아니오"라고 외칠 수 있는 용기, 꿈을 향한 괴짜가 되어보고 싶었다.

서른을 맞이한 새해 첫날의 '여행 작가'가 되겠다는 의지는 평소와 달랐다. 결심은 채 한 시간도 걸리지 않았다. 이제 문제는 결심을 얼마나 신속하게 행동으로 옮기느냐였다. 작가가 되기 위해 틈날 때마다

관련 서적을 읽고, 주말에는 책 쓰기 강좌에 참여하기 시작했다. 글을 쓰고 작가 지망생들의 모임에 참가하면서 나는 나처럼 꿈에 도전하는 사람들이 꽤 많다는 사실에 놀랐다. 꿈을 좇는 사람들 속에서 집필하는 것은 끊임없는 자극과 동기부여가 되어주었다. 그리고 책 쓰기 분야 멘토의 가르침을 통해 나에게 글쓰기 재능이 있다는 사실도 발견했다.

업무 시간을 제외하고 약 5개월간 책 쓰기에 모든 열정을 쏟았다. 새벽 5시 30분에 일어나 찬물 샤워를 하고, 퇴근 후 약속을 최소화하며 미친 듯이 집필에 몰두했다. 잠은 평균 다섯 시간, 바쁜 업무 와중에도 글쓰기를 생각하면 행복했다. '인간은 편안한 시기의 모습보다는 도전과 논란의 중심에 있을 때 더 정확하게 자신을 평가할 수 있다'는 말처럼, 원하는 것에 열정적으로 달려드는 스스로의 모습을 보며 그동안 몰랐던 진짜 '나'를 발견하게 되었다. 그리고 꿈 이야기를 담은 『버킷 리스트 3』이 자연스럽게 출간되었다. 저서에 대한 기쁨을 맛보며 여행 저서 집필에 거의 모든 에너지를 쏟았다.

'내가 더 이상 여기 있어야 할 이유가 뭐지?'

어느 날, 모니터를 바라보며 인상을 찌푸리다 문득 이런 생각이 들었다. 주변을 둘러보았다. 금융 경기침체 속 스트레스와 실적 압박의 무거운 분위기가 사무실을 가득 채우고 있었다. 여기저기 끊임없이 걸려오는 전화 소리, 영어로 오가는 대화 소리는 더 이상 들리지 않았다. 행복은 증권 회사 사무실에 있지 않았다. 편하고 정든 곳을 떠나야 꿈에 그리는 새로운 세계에 도착할 수 있겠다는 강렬한 느낌이 들었다. 골드만삭스라는 거대한 울타리에서 벗어날 '때'를 정해야 하는 순간이었다.

"인생을 바꿔야 한다. 사람들이 시키는 일이 아닌 내게 중요한 일을 해내야 한다."

노벨상 수상 작가 파울로 코엘료는 작가가 되고 싶다는 사실을 깨달은 순간부터 이렇게 말했다고 한다. 그렇게 그는 인생의 목적의식을 따라 작가의 길을 걷기 시작했다.

"열흘이 걸리든 십 년 혹은 이십 년이 걸리든 글을 쓰고 말겠어."

그는 곡을 쓰고 신문기사를 쓰기 시작했다. 망설임의 여지도 없이 마음이 하고 싶은 일을 따라갔다. 결국 그의 대표작 『연금술사』는 전 세계 120여 개국에서 2천만 부가 팔리는 역사적인 기록을 세웠다.

증권업계에서 막내 어시스턴트로 지냈던 지난 4년의 온갖 장면이 머릿속을 스쳐 지나갔다. 넉넉한 월급에 주변 사람들의 인정 등 수많은 외적 요소는 충족되었지만, 가슴속 열정은 무시당하고 있었다. 이제 목적의식에 부합하는 인생, 휘둘리지 않고 내 뜻대로 사는 두 번째 인생이 서른 살을 기점으로 시작될 것이다.

개인 여행 저서의 초고 집필을 완성하고 일주일 뒤, 퇴사하기로 마음먹었다. 직속 상사를 찾아가 조용히 말씀드렸다.

"제게 꼭 이루고 싶은 꿈이 생겼습니다. 올해 반년 동안 책을 쓰면서 진짜 제가 원하는 삶이 무엇인지, 행복이 무엇인지 깨닫게 되었어요. 그동안 골드만삭스라는 최고의 직장에서 함께 일할 수 있어서 감사했습니다. 제 자신이 성장할 수 있었던 좋은 경험이 되었습니다. 이젠 제가 가진 긍정과 열정을 회사 안이 아닌, 좀 더 많은 사람을 위해 쓰고 싶어요."

내 단호한 의사를 상사에게 솔직히 표현한 처음이자 마지막 순간이었다. 상사는 아쉬운 표정으로 대답했다.

"아쉽네요. 예은 씨처럼 밝고 에너지 넘치는 사람이 우리 팀에 필요한데……. 내년엔 보상도 후하게 주려는 생각도 하고 있었구요. 사실십 년 전인가, 예은 씨랑 똑같은 말을 나한테 했던 친구가 회사에 있었는데…… 기억나네요."

그리고 사무실 구석의 서랍에서 책 한 권을 꺼내 나에게 보여주었다. 바로 베스트셀러 저자이자 동기부여 전문가로 활동 중인 김수영 작가의 책이었다.

"이 친구도 꿈을 찾으러 퇴사하겠다고 했죠. 젊을 때 좋아하는 일에 도전하는 건 멋진 일이에요. 꿈을 위해 회사를 그만둔다는데, 내가 말릴 수가 없네요."

발을 내딛지 않으면 울타리 밖 새로운 인생이라는 기회의 땅을 영원히 밟지 못할 수도 있다. 하지만 나는 '꿈'을 찾지 못해 방황하는 청춘들을 대신하여 '꿈'에 솔직한 한 사람이 되기로 했다. 퇴사를 선포한 뒤, 아쉬움과 미련보다는 오히려 미래에 대한 기대감이 더욱 강해졌다. 앞으로 회사나 조직에 의존하지 않고, 스스로 꿈이 있는 미래를 위해 오롯이 현재를 살아갈 테니까.

결정적인 순간에 골드만삭스에 던진 사표는 진짜 인생을 향한 '골든 티켓'이었다.

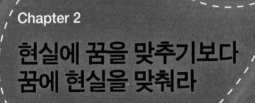

Chapter 2

현실에 꿈을 맞추기보다
꿈에 현실을 맞춰라

01

돈의 노예가 되어
영혼을 팔지 마라

세일즈 어시스턴트는 엄밀히 따지면 직접적으로 수익을 창출하는 고액 연봉의 세일즈맨이 아니다. 외부 일정이 많은 세일즈 직원들이 책상에서 해야 할 업무들을 대신 처리해주는 역할이다. 그 때문에 관찰자의 입장에서 프론트 데스크의 증권 브로커라는 직업의 고충을 이해할 수 있다.

증권사 세일즈팀 업무의 핵심은 고객과의 관계 유지다. 눈을 뜬 시점부터 잠들기 전까지 수십 혹은 수백 명의 고객들에게 신경이 곤두서 있다. 증권 회사의 출근 시간은 다른 업종보다 빠른 오전 7시다. 그전날 글로벌 증시 현황을 살펴 자신만의 세일즈 스토리를 만들고, 고객에게 업데이트를 해야 하기 때문이다. 자산 운용을 원하는 고객들의 마음을 경쟁사보다 기발하면서도 좀 더 정확한 투자 의견으로 사로잡아야 한다. 아침부터 고객과 점심 미팅, 저녁 식사, 골프 약속을 잡는 통화 소리가 들린다. 1년 365일 고객의, 고객에 의한, 고객을 위한 브로커들의 투철한 모습이다.

"이번 주 내내 저녁 약속으로 꽉 찼네. 아주 죽겠구만."

"어휴, 앞으로 세 달간 주말 골프 일정이 끊이질 않네. 와이프가 알면 죽이려 들겠어."

"어쩌겠어, 애가 이제 초등학생인데 다 키우려면 한참 남았잖아. 죽어라 벌어야지."

한숨 섞인 푸념이 여기저기서 터진다. 실적에 대한 강박관념과 함께 책상 위에 있는 영양제를 삼킨다. '죽겠다'는 말과 반대로 오늘도 있는 힘을 다해 살아남겠다는 각오로 여의도가 들끓는다. 장기적인 경기침체 속에서 웃음보다 한숨이 더 많아진 곳, 증권사 트레이딩 사무실이다.

외국계 증권사에 몸담은 사람들에게는 '꿈의 직장', '최고급 화이트 칼라'라는 수식어가 늘 따라다닌다. 사회적으로 금융업계 종사자들이 인정받는 데는 글로벌 기업 네임밸류와 일반 직장인들보다 높은 연봉이 주요 이유다. 그들은 모든 사람이 이루고 싶어 하는 두 가지 가치, 즉 부와 명성을 손에서 놓치지 않기 위해 치열하게 일한다. 문제는 자신이 원하는 정상까지 오르지 않았음에도, 풍요를 맛본 뒤에는 현재에서 새로운 미래를 위해 더 나아가지 않는다는 데 있다. 현실과 내면 사이의 갈등으로 쌓인 장애물을 뛰어넘지 못하는 것이다.

옛 이야기에 나오는 소심한 자린고비 양반이 귀한 굴비를 천장에 매달아놓고 맨밥을 먹는 것과 같은 상황이다. 가만히 양반다리로 앉아 밥 한 숟갈에 굴비 한 번 쳐다보기를 반복하며 마치 굴비를 맛있게 먹고 있는 것처럼 상상한다. 굴비에 차마 손을 대지 못하고 그저 앉아 물끄러미 바라볼 뿐이다. 차라리 엉덩이를 떼고 밖으로 나가 조금이라도 돈을 더 벌어 굴비를 여러 마리 사 오면 입 안에 굴비의 참맛을 느낄 수 있는데도 말이다. 나쁘지 않은 양반 신분에 만족하며, 원하는 굴비를 쟁취하기 위한 행동은 취하지 않는 안타까운 모습이다. 걸어놓은 굴비가 그저 내 것인 듯 착각한 채 앉아 있는 모습은 현재의 안락함에 벗어나길 두려워하는 대부분의 대기업 직장인 모습과 다를 바 없다.

금융업의 보수는 직장인 평균에 비교했을 때, 풍족한 편이다. 금융위기 이후 그 규모는 줄어들었으나 업계 종사자들의 씀씀이는 확실히 크다.

"이야, 너 거기 다닌다며?"

갓 들어온 신입 사원은 금융업 종사자라는 사회적 명성, 또래의 평균보다 높은 임금, 그리고 세련되면서도 도도한 업계의 화려한 분위기에 취한다. 자신의 현재 능력을 회사 전체 평균 수준과 동일시한다. 여러 번 넘겨졌다가 일어서보기도 하고, 배워야 할 것도 많은 청춘은 갈 길이 한창이지만 이미 최고 금융 회사의 명성을 등에 업은 거짓 성취감으로 자아도취에 빠져버린다. 한 번 신선한 육질의 최고급 스테이크를 맛본 사람이 냉동 수입육은 쳐다보지도 않는 것과 같은 이치다. 결국 눈앞에 당장 보이는 풍족함을 잃지 않기 위해 삶의 통제력을 조직에 맡겨버린다.

조직에 몸을 묶어버린 사람들이 간과한 것이 있다. 학교를 졸업한

지 얼마 되지 않은 젊은 친구들이 누리는 지금의 풍요는 스스로의 가치이기보다 회사를 비롯한 주변 환경으로부터 주어진 가치라는 사실이다. 작가이자 경제학자인 로버트 기요사키는 이렇게 강조했다.

"내적인 것이 아니라 외적인 동인에 의해 자극받는다면, 그것은 동기가 아니라 조작, 혹은 조종이다."

그의 말대로라면, 금전적 두려움 때문에 안정적인 직업과 복지 혜택, 정기적인 봉급에 조종된 것이나 다름없다. 외적 요인들로 삶의 방향을 맞추다 보니 한창 패기가 넘쳐야 할 나이에 그들의 얼굴에선 열정을 찾기 힘들다. 회사 분위기에 맞춰 정신없이 일에 끌려다니고, 퇴근 시간과 주말만 바라본다. 조직으로부터 받은 스트레스는 고급 레스토랑, 술, 명품, 해외여행으로 해소한다. 하지만 상황이 나아질 리없다. 물질적 풍요는 일시적으로 욕구를 채워줄 뿐이다.

"오 마이 갓! 벌써 카드 결제일이야? 월급은 무슨, 쓴 거 갚느라 남는 것도 없구만!"

"일요일 저녁이 우울하다고? 난 월요일 생각하면 일요일 아침부터 우울하던데……."

이런 패턴이 지속되다 보니 결국 입 밖으로 나오는 소리는 부정적일 수밖에 없다. 쌓이는 것은 카드 빚, 얼마 되지 않은 적금 그리고 해답을 찾을 수 없을 것 같은 현실의 스트레스이다. 돈이 최우선이 되어 돈에 의해 모든 결정이 휘둘리는 영혼을 상실한 삶, 즉 라이프스타일의 노예가 되어버렸다. '부'가 아닌 '돈'을 벌고 있는 젊은 고급 인력 세대들의 모습이다.

그렇다면 '부'란 무엇일까? 지금 부라는 개념을 머릿속에 그려보자. 아마 대부분의 사람은 큰 집, 고가의 보석과 시계, 흔히 볼 수 없는 슈퍼카, 호화로운 여행을 떠올릴 것이다. 하지만 이런 것들은 부의 일부분이다. 우리가 부를 생각할 때 이런 장면들을 떠올리는 이유는 자본주의 바탕의 기성 사회로 인해 '부'의 의미가 오염되었기 때문이다.

세일즈 어시스턴트 시절, 모니터를 바라보며 인상을 잔뜩 찌푸리고 있는 상사들에게 농담을 섞어 했던 말이 있다.

"상무님, 건강으로 돈을 살 수 있지만 돈으로는 건강을 살 수 없어요. 너무 스트레스받으면서 일하지 마세요."

내 멘트에 그들은 "그래야지"라고 대답하지만, 변하는 것은 없었다. 잘 먹고 잘살기를 추구하는 모습은 당연하지만, 반쪽짜리 '부'만을 이해하고 있는 것 같았다. 부는 당장 소유하는 고가의 물건이나 돈이 전부가 아니다. 미국의 백만장자 사업가이자 동기부여 전문가 엠제이 드마코는 부의 3요소를 다음과 같이 꼽았다.

가족(Family), 신체(Fitness), 자유(Freedom)

즉, 3F가 충족될 때 진정한 부를 이룬다는 뜻이다. 그는 3요소를 지켜내기 위해 시간의 가치를 강조한다. 시간은 삶의 원동력이 되어야 하며 돈과 맞바꾸어서는 안 된다고 말한다. 그는 저서 『부의 추월차선』에서 현재 고액 연봉 회사원, 의사, 변호사 같은 전문 직종의 사람들도 결국 주말 이틀의 자유를 사기 위해 나머지 5일의 자유를 파는 정체된 삶을 살고 있다고 지적했다. 이는 곧 '부'와 '행복'을 위해 '직업'에 대한 의식 전환이 필요하다는 의미다.

지금 엠제이 드마코가 말한 3F가 충족되는 삶을 추구하고 있는지 생각해보자. '돈'을 비롯한 외적 스펙만을 바라보며 가족, 건강, 자유 같은 인생의 진정한 가치에는 소홀하지 않았는가? 대부분의 사람은 작은 보상보다 큰 보상을 좋아하면서도, 장기적이며 미래를 위한 보상이 더 클지라도 당장의 현재 보상을 더 선호한다. 혹시 적당히 배부른 현재에 취해 더 멋진 미래를 살 잠재적 기회를 놓치고 있지는 않는가?

직업을 단순히 돈을 벌기 위한 노동 행위로 전락시키지 말아야 한다. 이는 어떤 직업에나 적용되는 사실이다. 돈의 노예가 되는 순간 당장에 돈은 많이 벌 수 있을지 몰라도 진짜 성공한 인생을 사는 것은 아니다. 지난 4년간 고액 연봉자들과 함께 일해왔지만, 그들은 행복해 보이지 않았다. 과도한 업무 탓에 가족을 소홀히 했고, 건강검진 결과를 보며 한숨을 쉬었고, 고객에게 주말을 밥 먹듯이 헌납했다.

돈 아래에서 끝없이 그것만 바라보는 삶이 아닌 돈 위에 당당히 서는 것이 진정한 성공이다. 직업을 시간당 사용되고 있는 자신의 내재적 가치로 정의한다면, 지금과는 다른 좀 더 주체적인 시각으로 업무를 대할 수 있을 것이다.

이 책을 읽고 있는 당신은 자신의 시간과 자유를 외부 영향으로부터 지켜내고 있는가? 돈 잔치는 일시적이다. 당장의 오늘을 위한 오늘을 살지 말자. 타성에 젖어버리는 삶의 패턴은 미래를 망치는 '독'이다. 숨 쉬고 있는 오늘을 가슴에 품고 있는 '모든 내일'의 기대되는 가능성과 연결시키자.

02

출근만 하면 다 될 줄 알았다는 생각을 버려라

취업 준비생 시절 누구나 매 순간 다짐하고 간절히 바란다.

"여기에 입사만 하면 누구보다 열심히 일할 수 있는데……."

"뽑아만 주신다면, 이 한 몸 바쳐 죽어라 일하겠습니다!"

그러나 화장실 갈 때의 마음과 나올 때의 마음이 다르다고, 꿈에 그리던 직장인이 되면 변하게 마련이다. 이는 이상적인 일터의 모습과 현실 사이의 괴리감 때문이다.

대학 시절 내내 졸업 이후의 사회생활을 그려본다. TV나 영화, 혹은 기업 캠페인에서 봤던 세련된 사무실, 테이크아웃 커피 컵을 들고 당당하게 출근하는 나, 여기저기 웃으며 아침 인사를 주고받는 화기애애한 분위기까지……. 가끔 학교를 찾아오는 직장인 선배들을 보면 사회생활에의 동경심이 깊어진다. 말끔하게 차려입고 지갑에서 기업

로고가 박힌 명함을 꺼내 나눠주는 선배들의 모습은 취업을 꿈꾸는 대학생의 눈에는 완벽한 롤모델이다. 그러나 훗날 입사한 뒤, 꿈에 그리던 위풍당당한 직장인의 생활은 없다는 사실을 깨닫는다. 몇 년 동안의 기대감은 좌절과 회의감으로 변질된다.

나 역시 마찬가지였다. 처음에는 외국계 증권 회사에서 일하게 되었다는 것 자체가 엄청난 기쁨이었다. 시작은 어시스턴트이지만 그 끝은 창대하리라! 영어로 대화하며 외국인들과 함께 일하는 글로벌 커리어 우먼으로서의 그 미래를 상상하면 출근길이 설레었다. 화려한 스펙을 가진 상사들을 우러러보았다. 하지만 그것도 잠시! 일터에 대한 이상은 서서히 무너져갔다. 직장에 대한 환상과 비전을 산산이 깨는 복병들이 악성 바이러스처럼 곳곳에 도사리고 있었다.

우선 맞닥뜨린 건 얼음장 같은 살벌한 사무실 분위기였다. 날마다 벌어들이는 수익이 즉각적으로 집계되는 증권 회사에서는 뭐든지 '돈벌이'가 우선이다. 경기침체 속 모두가 자신의 무사안위를 위해 점점 이기적으로 변해갔다. 팀워크는 진즉 사라졌다.

의지대로 일이 잘 안 풀릴 때도 있다. 업무 실수 때문에 자책하기도 하고, 누군가의 냉정한 충고가 비수가 되어 가슴을 후벼 판다. 커피 심부름, 수백 장의 문서 프린트로 복사기 앞에 서 있노라면 나름대로 괜찮은 스펙을 가졌다고 생각했던 나 자신에 대해 회의감이 든다. 취업만 하면 다 될 줄 알았는데 산 넘어 또 산이다.

"내가 지금 뭐하고 있는 거지? 지금 옳게 가고 있는 건가?"

이상과 현실의 괴리는 실망을 안겨주고, 이는 동기부여 저하로 이어진다. 회사에 들어서면 얼굴은 무표정으로 굳어진다. 상처받기 싫어

방어적이고 소극적인 내가 된다. 열정이 식다 보니 출근하자마자 '오늘은 퇴근하고 뭐하지?'라는 생각부터 든다. 퇴근을 위해 출근하는 인생으로 전락한다. 점점 업무에 흥미를 잃어간다. 불만 가득한 현실과 싸우는 것도 이젠 피곤하다. 현실 속 직장생활에 타협하고 적당히 살아간다.

"내가 할 일은 이게 아닌데…… 더 나은 곳이 있을 텐데……."

직장생활 2년 차쯤엔 누구나 한 번쯤 권태와 슬럼프를 맞이한다. 다른 직장에 시선이 가기도 한다. '지금 내가 있는 이곳을 벗어나면 더 나아지지 않을까?' 하는 마음에 인터넷 채용 공고를 뒤질 때도 있다. 그렇다고 과감하게 그만둘 용기는 없다. 이러지도 저러지도 못하는 우유부단한 현재 모습이 그저 답답할 뿐이다.

그러나 명심해야 한다. 처음부터 화려한 직업이란 없다. 저절로 승

승장구하는 사회생활도 없다. 출근만 하면 다 될 줄 알았다는 공짜 심리를 버려야 한다. 업무에 임하는 자세부터 바꿔야 한다. 현업을 완벽하게 수행할 능력도 갖추지 않았으면서 기대 수준 이상의 보상을 바라는 잘못된 마음가짐부터 바꿔야 한다.

골드만삭스에 입사했을 당시, 전 세계적으로 명성이 높은 회사였기에 기대하는 바가 컸다. 주변 사람들의 반응도 마찬가지였다.

"골드만삭스는 하는 만큼 보상해준다던데……. 열심히 하면 돈 많이 벌겠어."

하지만 현실은 만만치 않았다. 미국 회사답게 모든 업무가 시스템화되어 있었고, 그 시스템을 익히는 데만 몇 개월이 걸렸다. 열 개 업무 중 아홉 개를 잘했더라도 나머지 하나를 실수하면 결국 무능력자로 찍히는 것이 내부 현실이었다. 막내 어시스턴트로서 하루하루가 긴장의 연속이었다. "힘들어 죽겠다"가 입버릇처럼 튀어나오곤 했다. 몇 개월 지나자, 갓 입사했을 때의 열정적 마인드는 점점 흐리멍덩 미적지근하게 바뀌어갔다.

'적당히 하자. 오늘도 조용히…….'

결국 영혼 없는 업무 태도 때문에 사달이 났다. 아침 7시 30분, 고객회의 자료를 빠뜨린 것이다. 중요한 고객과의 미팅은 자료 미비로 취소되고 말았다. 고객관리에 당연히 민감한 세일즈 상사는 사무실 한가운데서 내게 큰 소리를 쳤다.

"뭐하는 겁니까? 여기 와서 하는 일이 밥 시키는 게 다야? 내가 조예은 씨 나가게 할 수도 있다구!"

분노 가득한 고함은 고막이 아닌 내 머릿속을 후려쳤다. 아무 말도 할 수 없었다. 현상 유지만 하려는 태도는 일 처리에서 티가 나게 되어 있다. 현재 회사에서 맡고 있는 업무 안에서 인정받지 못한다면 골드만삭스에서 6개월 뒤 내 모습은 아무도 보장해줄 수 없다. 다시 마음을 단단히 먹었다. 세일즈 어시스턴트로서 현재 역량과 미래의 목표를 객관적으로 생각해보았다.

- 내가 가진 장점 : 사교적인 성격, 미팅 준비 시 트렌디한 정보로 센스 있게 면밀히 처리
- 내가 가진 단점 : 꼼꼼하지 못한 성격
- 미래의 목표 : 상장 기업들과의 이벤트를 조직하는 코디네이터 업무

차분히 현재 모습을 점검하고 앞으로 무엇을 하고 싶은지 그려보는 일은 지금 하는 일에 최선을 다할 수 있도록 도와주었다. 매일 똑같이 처리하던 업무에서도 목적의식을 충족하고 있다는 의미를 찾게 되었다. 오늘 받는 작은 평가 하나하나가 쌓여 미래의 모습을 좌우한다는 마인드로 나는 맡은 업무를 꼼꼼히 수행했다. 8개월 뒤, 연말 직원 평가에서 그 노력은 결실을 맺었다. 아시아 전 지점, 세일즈 어시스턴트 중 상위 20퍼센트 안에 드는 평가를 받은 것이다. 인사 평가를 계기로 나는 깨달았다. 내가 바라는 무언가를 얻기 위해서는 먼저 자격에 부합하도록 노력을 기울여야 한다는 사실을 말이다. 출근만 한다고 해서 모든 일이 순조롭게 풀린다는 착각은 버려야 한다.

불만은 더 큰 불만을 낳고, 만족은 더 큰 만족을 낳는다. 따라서 더

큰 만족을 위해 의도적으로 노력해야 한다. 여전히 취업 사이트를 기웃거리고 있는지, 출근할 생각에 한숨부터 푹푹 내뱉고 있는 것은 아닌지 한번 짚어보자. 현실에 안주하고 주체성을 상실한 태도는 현실을 고달프게 만들 뿐이다. 내가 원하는 직장의 모습을 만들고 싶다면 나 자신 먼저 변화해야 한다. 행동으로 보여야 한다. 일터를 내 편으로 만들려는 노력은 회사에 무언가를 바라는 기대에 앞서 먼저 취해야 할 자세다.

'직장'이 아닌 자신의 소명을 담은 '직업'에 초점을 맞추어 일하라. 그러면 좀 더 주체적으로 업무를 대할 수 있을 것이다. 출근만 하면 다 될 줄 알았다는 안일한 생각을 지금 당장 버려라, 나의 찬란한 미래를 위해서!

03

'고스펙' 직장은
오히려 나를 구속하는 방해물이다

"뭐? 자전거 사업?"

첫 직장의 동갑내기 동료 하나가 돌연 회사를 그만두겠다고 했다. 멀쩡한 외국계 회사를 때려치우고 인력거를 끌겠다는 것이다. 주변 반응은 그다지 좋지 않았다. 좋은 학벌에 좋은 직장을 마다하고 뜬금 없이 인력거 사업이라니……. 도무지 이해할 수 없다는 분위기였다. 하지만 그는 망설임 없이 사표를 던지고 가슴이 이끄는 삶을 택했다.

이후 나는 삼청동에서 종종 그 친구를 만났다. 초반에 그는 종로 5가 근처의 작은 방 한 칸을 구해 그곳에서 인력거 제작과 사무 업무를 모두 처리했다. 갓 시작한 창업 시스템이 큰돈을 벌어주지는 않았지만 그는 행복해 보였다. 사람들이 어떻게 생각하든 중요하지 않은 듯했다. 결국 그는 인력거 사업 2년 6개월 만에 25,000명의 고객을 모으는 성과를 이끌어냈다. 이 얘기의 주인공은 바로 『즐거워야 내일이다』의 저자 이인재 대표다.

그는, 과거 알던 사람들은 세 부류에 불과하다고 한 인터뷰에서 말했다.

"강남 아파트촌에서 함께 어울리던 동네 친구들, 미국 유학 시절 만난 친구들, 회사에서 알게 된 사람들……. 모두 좋은 환경에서 자라 열띤 교육열의 수혜를 받은 엘리트였다."

결국 인생을 건 '도전'에 동참할 만한 사람들은 아니었다. 그 역시 고깃덩어리 같은 몸으로 회사 출퇴근만 할 뿐 마음이 떠난 상태에서 회사생활은 더 이상 무의미했다. 결국 인력거로 서울 북촌길을 달리기 시작했다. 고학력에 빵빵한 직장이라는 안정적인 울타리를 벗어나 자신의 진짜 꿈에 도전하는 청춘의 멋진 모습이다. 그의 창업 스토리는 '고스펙' 배경이 무조건 좋은 것만은 아니라는 메시지를 전해준다.

하루에 여덟 시간씩 일하다 보면 결국엔 사장이 되어 하루 열두 시간씩 일하게 될 것이다.

지구상의 수많은 직장인의 정곡을 찌른 로버트 프로스트의 강렬한 한마디다. 어떤가? 일하는 데에서 무엇을 기대하고 있는가? 설마 더 막중한 책임감을 떠안게 되는 임원직을 최종 목표로 세우고 회사에서 죽어라 일하고 있는가? 그렇다고 하루 여덟 시간 업무에 야근까지 한다 하여 임원직이 보장되는 것도 아니다. 한 조사에 따르면, 대기업 신입 사원의 임원 승진 확률은 0.74퍼센트라고 한다. 그럼 임원이 되지 못한 나머지 99.26퍼센트는 어떻게 된 걸까?

결과적으로 나와 이인재 대표는 증권 업종을 벗어나 진짜 원하는 삶을 사는 중이다. 사회가 만들어놓은 기준을 거부하고, 스펙이 행복의 기준이 아니라는 사실을 보여주고 있다. 물론 다니는 직장을 그만두는 것이 최선이라는 뜻은 아니다. 정해진 시스템과 사회의 기준에 맞추는 삶이 대체 누구를 위한 것인가 생각해봐야 한다는 말이다. 누구나 적당히 갖추고 있는 스펙이 내 인생을 특별하게 만들어줄 거라는 기대는 위험하다.

글로벌 금융 회사에는 그야말로 최고의 스펙으로 무장한 사람들만 모여 있었다. 부유한 가정, 해외 유학파, 고학력자로 넘쳐났다. 수십 년간 열심히 공부해서 최고의 스펙을 갖춘 뒤, 거대 기업에 골인한 사람들이 결국 하는 일은? 정해진 시스템 안에서 회사가 추구하는 목표를 달성하는 '본분에 충실한 조직의 일원'이 되는 것이다. 사회가 만들어놓은 기준인 학력과 직장으로 스스로의 가치를 높이고자 한다. 그러나 '교육'과 '사회'의 시스템 굴레에서 벗어나지 못한 채 환경으로부터 제약을 받고 산다.

지나친 '고스펙' 업무 환경에서 어시스턴트로 생활했던 지난 4년은 책에서 얻지 못할 살아 있는 깨달음을 내게 주었다. 남들이 감탄할 만한 학력과 직장을 배경 삼아 남들이 부러워하는 외적 조건들을 지켜내고자, 5일의 인생을 팔고 이틀의 자유를 번다는 사실이다. 회사의 입장에선 결국 모든 인재는 피고용인일 뿐이다. 금융위기를 벗어나 회사의 이윤을 창출하고 회사를 존속시키기 위해 개인의 안전은 보장도 없다. 개인의 과거와 현재의 스펙이 미래의 성공을 보장해주지 못하는 것이다.

막내 어시스턴트였지만 금융 회사의 잣대에 따라 평가받으며 나 자신을 잃기 싫었다. 나는 해외파도, SKY 대학 출신도 아니었고, 원어민 수준의 영어 실력도 없었다. 그러나 출신 대학과 전공인 프랑스어 구사 능력에 자부심을 가지고 있었다. 그리고 남들의 스펙에 주눅 들지 않는 당당함을 절대 잃지 않았다. 오히려 인공적인 평가방식에 길들여진 똑똑한 사람들은 자신의 행동 범위에 한계를 가하고 실패를 두려워했다. 그들은 '회사'가 중심을 이루는 인생을 살았고, 어딜 가나 스펙이 계급장처럼 따라다녔다.

로버트 기요사키는 『왜 A학생은 C학생 밑에서 일하게 되는가 그리고 왜 B학생은 공무원이 되는가』에서 좋은 성적은 양날의 칼과 같다

고 말한다.

'단기적으로 볼 때, A학생이라는 명성은 성공적인 회사원이 되는 지름길이다. 대학은 가장 총명하고 뛰어난 학생들의 직업이라고 일컫는 것을 얻는 데 도움이 될지도 모른다. 학문적 성공은 학생들에게 봉급생활자의 삶을 준비시켜주지만, 졸업 후에 얻는 좋은 일자리보다 더 중요한 것은 행복하고 부유한 삶이다. 현실 세계에서는 학교와 완전히 다른 새로운 게임이 펼쳐진다.'

학문적인 성공으로는 적당히 풍요로운 삶을 누릴 수는 있다. 하지만 현실의 한계를 뛰어넘은 100퍼센트 순전한 자유는 얻을 수 없다.

등산객 한 명이 있다. 그는 앞으로 넘어야 할 산이 얼마나 험한지, 혹은 얼마나 아름다울지 모른다. 만일의 사태에 대한 두려움 때문에 그는 온갖 최상의 장비를 준비한다. 그러고는 엄청난 무게의 장비들을 짊어진 채 낑낑대며 산을 탄다. 장비의 무게만큼이나 속도는 더디고 발걸음을 이동하는 매 순간이 고통스럽다. 바로 그 옆에서 또 한 명의 등산객이 산을 타기 시작한다. 장비 준비를 미숙하게 했지만 두려움은 덜하다. 장비가 많지 않으니 몸이 가볍고 움직임 또한 자유롭다. 결국 최고급 장비의 무게에 눌린 등산객은 적은 장비로 홀가분하게 이동하는 등산객에게 추월당하고 만다.

스펙도 마찬가지다. 사회가 정해놓은 규칙을 준수하고 그에 따라 열심히 스펙을 쌓는 것은, 어떤 면에서는 정해진 시스템에서 효율적일 처리에 도움을 줄 뿐이다. 스펙은 오히려 미래의 가능성을 구속할 장애물이 될 수도 있다. 스티브 잡스, 리처드 브랜슨, 마크 저커버그 같은 세계적 슈퍼리치들은 '무조건 열심히', '남들 다하는' 비생산적인 환경과 맞지 않았다. 미래 변화를 두려움이 아닌 즐거움으로 받아들이고, 새로운 기회를 열정과 창의성으로 반갑게 맞이하는 사람들이었다. 결국 세상은 소수의 '유별난' 사람들에 의해 굴러간다.

하지만 우리는 여전히 더 좋은 일자리에 목맨다. 수요에 비해 공급은 터무니없이 적은 대기업 취직을 위해 수년의 청춘을 스펙 쌓기에 '올인'한다. 스펙을 위한 스펙 쌓기일 뿐이다. 남들이 차려놓은 기준에다 부합하려다 보니 진짜 나를 잃어버린 지 아주 오래다. 학점과 토익 점수가 청춘 시절의 성실성을 대변하는 시대, '고스펙'에 치우친 사고방식은 인생을 제대로 누리지 못하게 하는 장애물이 되고 있다. 불확실한 미래에 대한 두려움이 꽉 막힌 '고스펙'의 벽을 쌓은 것이다.

이제 소위 '엄친아', '엄친딸'이라는 그들의 성과를 부러워하지 말자. 기웃거릴 필요도 없다. 남의 뒤를 따라가다 보면 결국 남이 흘린 것만을 얻게 될 뿐이다. 새로움에 맞서는 대범함을 기르라. 평범한 이류에 그치는 것을 두려워하라. 내 안의 열정이 낡아가고 있음을 두려워하라. 인생의 자유를 찾지 못할 것을 두려워하라.

04

열심히만 하면
남는 건 무식하다는 소리뿐

사회생활 초반의 나는 여우 같은 사원이 아니었다. 증권 회사의 번잡한 생활 속에 팀 막내로서 오로지 열심히 살았을 뿐이다. 수많은 신입 사원이 그렇듯 성실한 삶이 미래를 보장해줄 거라는 막연한 생각뿐이었다. 주어진 일만 그저 묵묵히 하면 되는 줄 알았다. 그러면 회사에서도 인정해줄 것이라고 믿었다. 하지만 열심히 일한 사원에게 돌아오는 것은 미련하다는 소리뿐이었다.

첫 회사에서 가장 많이 저지른 실수는 이메일을 제대로 파악하지 않는 것이었다. 열심히 하겠다는 마음만 앞서 이메일을 끝까지 읽지 않고 일을 처리한 적이 종종 있었다. 대충대충 하려는 태도는 실수를 야기하곤 했다.

입사 초기, 한 상사가 일식당 '스시 조'의 고객 점심 예약을 부탁한

적이 있다. 간단한 일이었기에, 인터넷 검색을 통해 식당 전화번호를 찾아 대수롭지 않게 예약을 했다. 하지만 예약 당일 사무실이 발칵 뒤집어졌다. 상사가 고객을 데리고 갔던 '스시 조'는 소공동 웨스틴조선호텔에 위치한 레스토랑이었고, 내가 예약했던 '스시 조'는 서울 끝자락에 위치한 동명의 다른 식당이었던 것이다. 이 사건을 계기로 막내 어시스턴트에게 원치 않는 수식어가 붙었다.

'착하고 싹싹하긴 하지만 덜렁대는 친구!'

더불어 중요한 업무는 옆 리서치 부서의 선배 어시스턴트에게 조금씩 넘어가기 시작했다. 덜렁대는 신입에겐 일을 맡기기 불안하다는 의미 같았다. '대충대충' 근로자 마인드가 문제였다. 회사는 어차피 남의 것이고, 나 자신은 그저 회사에서 일하는 월급쟁이라는 생각에 '적당히' 일했던 것이 잘못이었다. 적극적이지 못한 태도가 작은 실수를 유발하기 시작했고, 결국 나에게도 결함을 남겼다.

업무 태도가 결과를 결정한다. 마음가짐은 업무에 그대로 드러나기 때문이다. 탁월하지 못하고 열심히만 한다면 정신적 만족과 발전 둘 다 얻기 힘들다. 회사를 위해 노동을 한 것일 뿐, 자신의 성공에 가까이 다가가는 것은 아니었다.

첫 직장에서 수많은 시행착오를 겪은 후에 깨달았다. '눈은 큰 곳을 바라보되, 손은 작은 곳에 두라'라는 명언처럼 전체적인 그림을 보고 흐름에 맞추어 디테일을 챙기는 업무 태도가 중요하다는 사실 말이다. 골드만삭스는 규모도 컸고 훨씬 체계적이었다. 더 이상 증권업계의 신입이 아니었던 나에겐 탁월함이 필요했다. 주어진 모든 일을 열심히만 처리하는 직원이 아닌, 하나라도 남들보다 잘할 수 있는 일을 찾아야 했다. 그것이 '미팅 장소 선정'이었다.

아주 간단해 보이지만, 증권 회사 브로커들에겐 무엇보다 중요한 일이 바로 고객과의 식사임을 감안하면 무척 센스가 필요한 일이었다. 고객이 마음에 들어 하는 식사 한 끼로 관계가 가까워질 수 있고 거래관계를 만드는 기회가 될 수도 있다. 게다가 바쁜 중년 상사들에겐 자세한 요식 정보를 검색할 시간적 여유가 없다.

나는 팀 어시스턴트로서 그런 부분에 도움이 되고자 남다른 노력을 기울였다. 다른 사람들은 하찮게 여길 수 있는 '맛집' 정보를 체계적으로 정리하고 수시로 업데이트했다. 서울의 지역별 주요 레스토랑들을 정리해 주요 고객사 근처 맛집에서부터 방이 있는지 여부, 메뉴 가격대, 심지어 스시 레스토랑의 카운터 테이블 구조까지 파악했다. 초반엔 그저 '먹기 좋아하는 유별난' 여자애 취급을 받았다. 하지만 나만의 고급 맛집 정보는 갑작스런 미팅과 변화가 많은 주식 세일즈 비즈니스에 도움을 주기 시작했다.

"예은 씨! 지금 급히 여의도로 가야 하는데, 역 근처 방에서 식사 가능한 일식당 아는 데 있어요?"

"손님이 식사 장소를 바꿔버렸어요. 마포에 조용히 식사할 만한 소고기집 좀 알려줘요."

"싱가포르에서 온 고객이 야채 위주의 한식을 먹고 싶다는데, 도와줄 수 있어요?"

진심으로 팀 비즈니스가 잘되길 바라는 마음에서 나는 레스토랑 예약을 중요하게 다루었다. 점차 부서의 '먹는 일' 관련해서 내 손을 거치지 않는 게 없게 되었다. 상사들은 나를 100퍼센트 믿고 고객 식사

미팅을 맡겼다. 심지어 다른 부서에서도 나에게 조언을 구했다. 과거 경험을 바탕으로 '대충대충'이라는 생각을 버리자, 평범한 업무에서도 평범하지 않은 성과를 올린 것이다.

열정과 열심의 차이를 아는 것이 중요하다. 이 차이는 곧 성과의 차이로 나타난다. 마더 테레사의 다음 메시지를 귀담아듣자.

"중요한 것은 무엇을 하고 있느냐가 아니라 얼마나 많은 사랑을 쏟아붓고 있느냐다."

즉, 자기 일에 애착을 가지고 전략적으로 몰입하라는 의미다. '적당히' 마인드는 부주의한 자세를 만들고 이상을 잃게 한다. 대충 열심히 사는 사람은 물 온도가 서서히 올라가 자신이 죽어가는지도 모르는 비커 속 개구리처럼 서서히 타성에 젖게 마련이다.

원하는 목적지로 향하는 길 위에 서 있다고 생각해보자. 아무리 바른 방향으로 가고 있다 하더라도 전략 없이 그냥 천천히 걷는다면 빠르게 달려오는 성능 좋은 차에 추월당할 게 뻔하다. 자신의 삶, 그리고 절반 이상을 차지하는 '일'에서 주체적으로 행동하라. 주변 평범한 사람들과의 차별화를 위해 치열하게 고민하라.

여기, 글로벌 금융 회사의 어시스턴트로서 4년의 업무 경험을 쌓으며 깨달은 탁월해지는 요령 세 가지를 소개한다. 이는 좀 더 나은 미래를 만들어가는 데 좋은 습관이 될 것이다.

첫째, 되도록 짧은 시간 안에 경제적으로 업무를 처리한다.

그러기 위해선 마케팅전략 도구인 SWOT 분석법을 스스로에게 적용해보는 것도 좋다. 자신의 상황과 내부의 강점, 약점을 분석한 후 빨리 할 수 있는 일과 꼭 필요하지만 하기 싫은 일을 해치우는 게 중요하다. 일 처리 시간을 단축해야 업무 패턴이 효율적이고 단순해진다.

둘째, 자신이 잘하는 업무에 오롯이 집중할 시간을 확보해야 한다.

역량에 합당한 일을 중심으로 하되, 열심히 하겠다는 욕심만으로 무리하게 일을 안고 가지는 말아야 한다.

셋째, 업무 목표와 원칙이 담긴 빅 픽처를 잊지 마라.

어느 회사나 일은 쌓인다. 문제는 업무 속에서 헤매더라도 커리어 나침반을 늘 쥐고 있느냐에 달려 있다. 다시 본래의 방향으로 돌아올 수 있도록 나침반을 내려놓아서는 안 된다.

조직의 신입으로서 아무리 사소한 업무를 맡더라도, 열심히만 한다는 피드백보다 잘한다는 피드백을 들어야 스스로에게 동기부여가 되고 성장 속도가 빠르지 않겠는가? 미국의 저명한 재테크 전문가 존 템플턴은 주체적인 업무 태도에 대해 다음과 같이 말했다.

"월등한 성과를 거둔 사람과 무난한 성적을 거둔 사람, 비슷한 분량의 일을 하지만 전자가 후자보다 조금 더 노력한다는 차이가 있다."

주어진 일에만 책임지고 해내는 사람은 기껏해야 일을 감당할 능력이 있다는 평가를 듣는 데 그친다. 그저 나쁘지 않은 인생을 산다는 것은 결국 나 스스로를 위해 나쁜 인생을 사는 것이다. 열심히만 하면 돌아오는 건 미련하다거나 무식하다는 평가요, 내 가슴에 고이 남을 얼룩진 상처이다. 지금까지 넋 놓고 회사에 끌려다녔던 '착한 근로자'에서 벗어나자. 일을 '의무'가 아닌 평생의 '목표'로 여기고 미래를 위해 오늘을 치열하게 살아보는 거다.

05

적기에
정확한 꿈을 설정하라

파스타는 내가 가장 요리하기 좋아하는 음식이다. 심플하면서도 천연 식재료들의 맛을 살려 먹을 수 있는 일품요리다. 프랑스 유학 시절, 기숙사생활을 하며 이탈리아 학생들에게 현지 레시피를 배우면서 파스타가 가진 진짜 신선한 맛에 눈을 뜨게 되었다. 그 이후 나만의 스타일로 이탈리아 레시피를 변경해 지금까지도 한 끼 건강식으로 즐겨먹고 있다. 사람들에게 파스타 요리에 대해 말하면 대개 이런 반응이다.

"뭐, 끓는 물에 면 넣고 익으면 야채랑 소스 넣고 볶아주면 되는 거 아냐?"

하지만 파스타는 인스턴트 라면 끓이는 것처럼 그리 간단하지 않다. 10년간 수없이 많은 파스타 요리를 해본 결과, 제대로 만들기 위해서는 '타이밍'이 중요하다는 사실을 깨달았다. 일단 면을 삶는 데에서, 안쪽에서 단단함이 살짝 느껴질 정도의 삶기인 '알단테(al dente)'로 맞춰야 퍼지지 않고 적당히 부드럽게 씹히는 식감을 갖게 된다. 그후, 준비한 식재료를 익는 속도를 고려해 적당한 시점에 차례대로 볶는다. 마늘 슬라이스는 올리브유랑 함께 먼저 볶아 향을 돋우고, 나머지 야채들은 프라이팬에서 조리되는 속도에 따라 적절한 시기에 넣는다. '뭐 같은 재료면 어찌됐든 맛은 비슷하겠지'라는 생각으로 한꺼번에 볶으면 모양새는 비슷할지 모르겠으나 식재료의 고유 식감은 떨어지고 기름에 푹 젖은 꼴이 된다. 미묘한 차이지만 바질이나 파슬리 같은 신선한 허브를 넣고 안 넣고의 차이로도 풍미 정도가 달라진다. 식재료 조리 타이밍을 맞춰 계획대로 하느냐, 그냥 계획 없이 요리하느냐는 최종적으로 커다란 맛의 차이를 만든다.

우리의 삶도 파스타 요리와 다르지 않다. 성취하려는 목표를 위해 적기에 알맞은 계획과 행동이 반드시 수반되어야 한다. 막연히 음식 자체만을 생각하여 체계를 무시하고 요리를 진행한다면 절대 제대로 된 파스타를 맛볼 수 없는 것과 같은 이치다. 적기에 계획이 수반된 행동이 있어야 목표 달성이 빨라진다.

대부분의 직장인에게 '회사를 다니며 어떤 미래를 꿈꾸느냐?'는 질문을 하면 대개 다음처럼 답할 것이다.

"사원에서 출발했으니, 열심히 일하면 차차 승진하겠죠?"

물론 건전한 사고방식일지도 모르겠다. 그러나 사실상 따져보면 누구나 기회를 갖는 경우는 드물다. 사원으로서 일하는 중에 현실적인 눈높이에서 뜻대로 풀리지 않는 진짜 사회를 보기 시작한다. 그리고 의욕을 잃어간다. 평범한 직장생활에 익숙해져 만족하게 되는 것이다.

결국 타성이라는 무서운 습관의 포로가 된 채 정체된 삶을 살아가는 것이다. 그러던 차에 무섭게 치고 올라오는 후배와 나보다 잘나가는 대학 동기들을 보며 문득 이런 생각을 한다.

'난 지금 어디로 가고 있는 걸까?'

해야 할 일들과 하고 싶었던 일들이 뒤엉켜 길을 잃은 것이다. 지금 당장 현실을 바꿀 수 없는 답답한 상황에서 필요한 것은 바로 미래를 향한 계획, 건설적인 꿈이다. 매 순간의 막연한 결심만으로는 우리의 미래를 즉석에서 바꿀 순 없다. 하지만 행동을 바꿀 수 있다면 결과도 바뀌게 마련이다.

나는 기대되는 미래를 위해 현실과 싸우는 중이다. 서른 살을 맞이한 2015년 초를 기점으로 내 인생은 엄청난 변화를 맞이하였다. 20대에서 30대로 넘어가는 시점에서 바로 '작가', '동기부여 전문가'라는 진짜 꿈을 찾았기 때문이다.

세일즈 어시스턴트로 일했던 지난 4년, 좋은 직장에 넉넉한 월급을 받으며 나쁘지 않은 삶을 살았다. 큰 조직에서 많은 것도 배웠다. 그러나 이직률이 높은 증권사에서 조직원들이 자주 바뀌는 모습을 직접 보며 한 가지 깨달은 것이 있다. 지금 내가 누리고 있는 것들은 내 본질이 아니라 회사의 가치라는 사실이다. 결국 이 조직을 벗어나, 어디 회사에 무슨 직위라는 타이틀을 지워버리면 남는 건 나 자신뿐일 것이었다. 주변 직장 선배나 상사들의 피드백은 늘 회의적이었다.

"최대한 결혼은 늦게 해. 젊을 때 마음껏 자유를 누려. 나중에는 하고 싶은 게 있더라도 가정에 묶여서 꼼짝도 못한다니깐."

젊은 시절 꿈이 아닌 현실을 좇다 보니, 어느새 판을 바꿀 수 없는 상황까지 왔다는 의미로 들렸다. 나는 더 이상 겉포장을 예쁘게 꾸미는 데만 시간을 보내고 싶지 않았다. 미래를 위해 알맹이, 즉 본질을 채워 나를 단단하게 만들고 싶었다. 서른의 나이가 나에겐 삶의 변곡점이었다. 『여덟 단어』의 박웅현 작가는 '본질'에 대해 이렇게 풀이한다.

"본질이 무엇이냐에 따라 흔들림이 달라집니다. 저는 딸에게도 '기준점을 밖에 찍지 말고 안에 찍어. 실력이 있으면 얼마든지 별을 만들어낼 수 있어. 언젠가 기회가 온다니까. 그러니 본질적인 것을 열심히 쌓아둬'라고 말합니다."

매 순간의 선택과 행동에 의미를 담을 수 있어야 제대로 된 인생이라 할 수 있지 않을까. 그러기 위해서 구체적인 꿈이라는 나만의 본질이 필요하다. 평생 회장님을 위해 회사에 몸담겠다는 사람에겐 밝은 미래를 기대하기 어렵다. 현실에 맞춘 장기적 발전 목표는 언제 어디서나 잊지 말아야 한다.

외국계 금융 회사에서 일에 치이고 사람에 치여도 나에겐 늘 꿈이 있었다.

'전 세계 여행을 하며 사람들과 소통하고, 내 스토리를 통해 좀 더 많은 사람에게 선한 영향력을 미치는 글로벌형 인간!'

서른을 앞두고 인생의 목표가 뚜렷하게 그려지자, 일상에 변화가 생기기 시작했다. 부정적 상황에서도 크게 방황하지 않게 되었다. 상황을 비관하고 스트레스를 받기보다 '내 꿈을 위해 글로벌 업무 환경의 내공을 쌓는 중이야'라고 스스로를 응원하는 에너지가 생겼다. 지금 하는 행동이 미래의 나에게 긍정적 요소가 될 것이라고 생각하자 현재 상황도 즐거웠다. 결국 본질을 무엇에 두느냐에 따라 삶의 질도

달라지고, 미래도 기대되는 것이다.

바쁜 업무 속에서도 '여행을 통한 동기부여 전문가'라는 꿈을 잊지 않고 늘 가슴에 품고 있었다. 휴가철마다 수시로 여행을 다니며 알맹이를 채워나갔다. 스무 살 때부터 시작한 10년 동안의 여행 스토리는 서른 살의 12월에 첫 번째 여행 저서라는 역사적 성과로 세상에 나오게 되었다. 책이 나옴으로써 진짜 '여행가'라는 수식어를 달 수 있었다.

만일 골드만삭스라는 회사를 다니면서 매달 월급과 회사 로고가 찍힌 명함에 만족하고 살았다면 어땠을까? 지금도 그 자리에서 1년 전과 다를 바 없이 똑같은 업무를 하고 있을 것이다. 지금 이룬 내 성과는 20대 끝자락에서 서른을 맞이하며 다양한 상황에서도 본질을 지키고자 애썼던 결과다. 꿈을 꾸며 행동하는 사람이라는 나만의 본질은 어떤 상황에서도 흔들림 없이 앞으로 나아갈 수 있게 해주는 나침반이었다. 자신 내면의 본심을 존중해야 한다.

정확한 타이밍에 정확한 꿈을 설정하기 위해서는 다음의 질문을 스스로에게 해볼 필요가 있다.

지금 내가 꿈이라고 말하는 것이 온전히 나의 꿈인가?

정말 무엇을 하고 싶은지 파악하는 것이 주체적 인생을 살기 위한 출발점이 된다. 팍팍한 현실에 끌려다니거나 자신이 무엇을 해야 할지 모르는 상황을 점검한 뒤, 나만의 본질을 파악해야 한다. 온전히 내 것이 아닌 꿈은 100퍼센트 열정을 끄집어낼 수 없기에 이뤄지기 힘들다. 그 때문에 수많은 사람이 현실 시스템에 의존한 채 그저 그런 인생을 불만족스럽게 사는 것이다. 본질을 파악하는 시기도 빠를수록 좋다. 꿈을 좀 더 빨리 가질수록 남들보다 시간을 벌뿐더러 벌어들인 시간을 가치 있게 쓸 수 있기 때문이다.

'뭐, 어찌됐든 같은 재료면 맛은 비슷하겠지.'

큰 위기감 없이 게으른 자기 충족적 예측은 피하자. 정확한 타이밍에 적합한 재료를 넣어 조리해야 최고로 만족스러운 요리를 먹을 수 있다. 미래에 대해 막연히 '잘되겠지'라는 아전인수격 판단은 위험하다. 좀 더 멋진 불혹을 위해, 기대되는 미래를 위해 진짜 내 꿈을 고민해보자. 그리고 긍정적이며 건설적인 계획에 따라 미래를 위해 싸우자. 예측이 어려운 변화의 21세기 시대에 자기 인생을 조절할 힘의 근원은 적기에 꿈을 설정하는 데 있다.

적절한 시기의 적합한 계획은 미래를 현재로 끌어오는 힘이라는 것을 마음에 새기자.

06

야망 없는 꿈은
개꿈이다

'효율성(Efficiency)'과 '효과성(Effectiveness)'은 경영학에서 늘 대비되는 개념이다. 목표를 추구한다는 공통분모를 가지고 있지만, 관점에서 차이를 보인다. 효율성은 최소의 물리적 투입으로 최대의 산출물을 내는 과정 부분에 초점을 맞추고 있다. 반면, 효과성은 물리적 차원으로 더 넓게 바라보며 목표를 달성한 결과 부분에 초점이 맞춰져 있다. 간단히 말하자면 과정의 최소화와 결과의 극대화의 비교다. 이 두 개념의 대비는 우리 삶에서도 고려해볼 만하다.

모든 사람은 각자 소망하는 바가 있다. 누구나 꿈을 꾼다. 다른 사람의 성공을 보며 '나도 저럴 수 있다면 좋을 텐데' 혹은 '갖고 싶다'라는 바람을 갖곤 한다. 하지만 원하는 것을 이루기 위해 성공한 사람들에게 얼마나 고된 과정이 숨어 있었는지는 관심을 두지 않는다. 꼬집어서 말한다면, 과정을 외면한다고 보는 것이 맞겠다. 결과까지 도달하는 데 드는 물리적, 심리적 대가에 대한 두려움 때문이다. 그래서 자신의 에너지를 적게 투입해서 빨리 이루고 싶은 '효율성'적인 관점으로 살아간다. 이건 공짜 심리나 다름없다. 노력 없는 대가란 없다. 이 땅의 수많은 사람이 꿈을 이루지 못하고 쳇바퀴 같은 삶에 그치는 이유일지도 모른다.

만일 바라는 그 무엇을 '효과성'적인 관점에서 생각한다면? 목표의 극대화, 좀 더 멋진 결과물을 만들어내기 위해 과정에 대한 두려움이 줄어들 것이다. 생각의 범위가 넓어지기 때문에 행동에도 제약이 덜하다. 행동하는 노력, 주체적인 노력이 필요하다. 같은 목표라 할지라도 관점을 어디에 두느냐에 따라 생각과 열정의 크기도 달라진다. 경영학의 구루 피터 드러커도 이와 일맥상통하는 명언을 세상에 남겼다.

"일은 잘하기보다 좋은 일을 하자."

바로 생각과 열정의 크기, 소망이 아닌 소명에 결과가 달려 있다.

"예은, 회사 그만둔다면서요? 어떻게 된 거예요?"

퇴사를 선언하고 공식적으로 한 달 동안 업무 정리 기간을 가지면서 가장 많이 들었던 말이다. 도대체 무슨 생각으로 큰 회사에서 벗어나려는지, 나가서는 뭘 하려는지, 궁금증 섞인 안부 인사였다. 누가 물어보든 내 대답은 언제나 한결 같았다.

"이제 진짜 하고 싶었던 일을 해보려구요."

동화 「임금님 귀는 당나귀 귀」 속 주인공처럼 확신에 찬 대답을 솔직하게 털어놓자 속마음은 후련하기만 했다. 퇴사를 선언한 뒤 정리하는 마지막 한 달이라는 기간은 확신의 힘을 더해주었다. 그동안 바빠 엄두도 못 냈던 점심, 저녁 약속들의 연속이었다. 회사라는 틀에 얽매여, 막내 직원으로서 상사들과 이야기 한번 나누지 못했었기에 그 자리는 더욱 값진 기회였다. 마지막 한 달간은 인생 선배와 후배, 사람 대 사람으로 좀 더 진솔한 이야기를 할 수 있었다.

사회적으로 인정받는 좋은 스펙의 사람들이 가장 놀라워했던 것은 나의 과감한 결정이었다. 누구에게나 버킷 리스트가 있지만, 사회적 조건이 풍족할수록 그것들을 떨쳐버리고 불확실한 새로움에 도전하기 어렵다. 현실에서 버려야 할 것들이 많을수록 두려움은 큰 법이다. 인생의 무거운 짐을 짊어지고 사는 사람들에게 당당히 내 꿈을 설명할 때마다 가슴이 뜨거워지는 울림을 느꼈다.

"글을 쓸 때 정말 행복합니다. 회사 다니며 여행기를 집필하는 동안 새벽 다섯 시에 일어나 글을 쓰고, 닥치는 대로 책을 읽었어요. 책을 계속 읽고 싶어 때로는 출근하기 싫어질 정도였어요."

"제 성격 아시죠? 이제 제가 가진 에너지를 회사 내부가 아닌 밖에서 좀 더 많은 사람을 위해 쓰고 싶어요."

"제가 진짜 뭘 좋아하고, 뭘 해야 하는지 알게 되었어요."

비전을 차근차근 말할 때마다 점점 미래에 대한 확신도 강해졌다. '내가 바라는 삶은 이것이다'라고 명확하게 하자, 그 꿈이 실현될 때까지 절대 흔들리지 않겠다는 굳은 의지가 마음속에 생겼다. '내가 바라는 것은 이것이다'라는 명확한 소망과 그 소망을 성취할 때까지 결코 흔들리지 않겠다는 굳은 결의는 꿈을 더 이상 꿈에 그치게 하지 않고 현실로 만들어줄 것 같았다.

"자기가 하고 싶은 일에 도전하는 건 용기 있는 일이죠. 잘되길 바
랄게요."

스스로 꿈을 찾아 떠난 자와 그렇지 않고 현실에 머무르는 자의 차
이는 바로 생각의 크기만큼의 '용기'의 크기였다. 단순한 소망이 아닌
'소명'으로 여기는 간절함이었다. '할 수 있다'는 확신의 비결은 바로
자기 내면에서 답을 찾을 수 있다는 사실을 골드만삭스에서의 마지막
한 달 동안 깨닫게 되었다. 더 이상 일류라고 불리는 회사의 그늘에서
벗어나는 상황이 두렵지 않았다. 오히려 설레기 시작했다.

과거 카네기, 에디슨, 포드, 21세기 구글의 래리 페이지, 아마존닷컴
의 제프 베조스, 애플의 스티브 잡스, 알리바바의 마윈까지……. 우리
는 세기의 인물들을 비전가(Visionary) 혹은 선구자(Pioneer)라고 부른
다. 이들은 주어진 현실이 아닌 미래에 시선을 고정했다.

중국 최고 부호이자 디지털 산업의 신화인 알리바바의 회장 마윈.

그가 남긴 말은 우리의 내면의 무엇을 꿈틀거리게 한다.

"주먹만 한 심장이 세상을 움직인다."

평범한 영어 교사였던 마윈은 8,500만 원 남짓한 돈으로 전자상거래 시장에 뛰어들었다. 중국에서 처음 인터넷 쇼핑몰을 만들 때부터 마윈은 전략에 초점을 맞추고 있었다. 전략에 알맞은 '알리바바'라는 기업명을 짓고 국내 시장과 해외 시장에 동시에 진출했다. 1만 달러를 들여 알리바바의 도메인을 사고 유럽 전 지역에서 연설회를 여는 개척 정신을 보여주기도 했다. 사업 초반 연설회에는 1,500석 연회장에 참가자가 세 명뿐인 적도 있었다고 한다. 하지만 실망스러운 해외 반응에 전혀 흔들림 없이 글로벌 시장을 향한 꿈을 밀고 나아갔다. 결국 마윈의 비전은 알리바바를 14년 만에 170조 원의 매출을 올리는 세계 최대 온라인 기업으로 성장시켰다. 그의 작지만 뜨거운 가슴에서 비롯된 원대한 비전이 결국 자기 자신뿐만 아니라 중국 전자상거래 산업을 혁신시킨 셈이다.

그냥 어쩌다 미래를 맞이할 것인가, 아니면 스스로 미래를 선택할 것인가? 답은 우리에게 있다. '지금 내가 진짜 원하는 꿈이 무엇인가?' 그리고 '그 꿈에 대해 어느 정도 간절함을 갖고 있는가?'를 진지하게 고민해보아야 한다.

꿈을 가진 청년들은 많다.

'나중에 내 이름으로 된 가게 하나 내고 싶다.'

'좋은 자동차를 사고 싶다.'

'어떤 분야의 공부를 더 하고 싶다.'

하지만 막연한 상상에 그칠 뿐, 직장생활을 하기에 급급하다. 자신 스스로의 욕망과 꿈에 솔직하지 못한 채 현실이라는 벽 뒤로 숨는다면, 우리가 꾸는 꿈은 '몽상'으로 가치가 떨어져버린다. 더 이상 꿈꾸기를 어쩌다 생각나서 끄적거리는 취미생활로 두지 말자.

집필하는 지금 이 순간, 나는 행복 그 자체다. 이 시대의 수많은 청춘이 내 이야기를 읽고 조금의 용기를 얻게 될 것이라는 생각에 심장이 마구 뛴다. 꿈꾸는 미래를 위해 오늘을 살고 있음에 가슴 벅찬 감동을 느낀다. 과정도 두렵지 않다. 보이지 않는 기회를 위한 야망의 스위치가 켜진 상태다.

비전을 행동으로 옮기는 발판은 '야망'이라는 이름의 용기와 간절함임을 잊지 말자. 야망이 없는 꿈은 그저 개꿈에 불과하다.

07

일은
지겨운 밥벌이가 아닌 '놀이'가 되어야 한다

당신의 행복 지수는 100점 만점에 몇 점인가? 95점? 80점? 50점? 혹시 50점 미만이라고 평가하는가? 살면서 100점짜리 행복을 느껴본 적 있는가?

누군가 잘 지내냐고 묻는다.

"뭐, 별거 있어? 마지못해 겨우 회사 다니지."

묻는 사람의 의욕까지 저하시키는, 삶의 기대감을 상실한 말투, 이제 심각한 일은 아니다. 한 치 앞을 볼 수 없는 치열한 경쟁의 세상 속에서 "사는 게 재미없다"는 말은 무기력한 주말을 보내고 평일 5일 내내 업무에 시달리는 현대인들에게 익숙하기만 하다.

최근 충격적인 기사를 읽었다.

'서울시 10~30대 사망 원인 1위는 자살.'

서울시 통계 자료 '서울 시민의 건강과 주요 사망 원인'에 따르면, 2013년 10대에서 30대 청년층 세대의 사망 원인 1위가 자살이라는 내용이었다. 40대 사망 원인 1위가 암, 질병인 것에 비해 가히 충격적이다. 스스로 삶을 중단하는 대한민국 청춘남녀들의 안타까운 모습이다. 삶을 포기할 만큼 그토록 힘들었던 것일까? 절망적인 현실에서 벗어나 새로운 기회를 찾으려는 노력은 해보았을까? 같은 세대로서 일과 삶을 '행복'이라고 여기지 않고 '의무'로만 여기는 청춘들의 사고방식에 그 원인이 있다고 생각했다.

과연 행복한 인생이란 어떻게 정의할 수 있을까?

20대 친구들이 회사라는 새로운 환경에 첫발을 내딛고 나면 좌절감을 맛보는 경우가 많다. 패기 넘쳤던 젊은 직원들의 열정을 미지근하게 만드는 데는 기성 상사 세대의 분위기가 지대한 영향을 미친다.

20대는 경제력이 생기기 시작하는 사회생활에 기대감을 갖게 마련이다. 시간이 흘러 사회인 라이프스타일에 점차 익숙해지면서 30대는 결혼, 승진 등 인생의 다양한 변화로 숨 돌릴 틈 없이 바쁘다. 40대는 덩치가 커진 가정을 부양해야 하는 부담감과 피곤에 시달리고 있다. 모두가 주어진 자신의 위치에서 분주하게 살아간다. 업(業)이 아닌 직(織)에 맞춰 살다 보니 주변 환경과 타협하게 되며, 여유와 즐거움을 잃게 된다.

같은 조직 내에서도 세대에 따라 미래를 바라보는 관점에 차이가 날 수밖에 없다. 기혼 30~40대 직장 선배들이 미혼의 젊은 직원들에게 흔히 해주는, 조언을 가장한 자기 한탄은 우울한 미래를 미리 실감하게 해준다.

"결혼? 최대한 미뤄. 해봤자 이렇게 먹여 살리느라 고생이다. 싱글 때 맘껏 즐겨!"

"아직 애가 초등학생이야. 대학교 갈 때까지 꼼짝 못 한다구."

기성 세대의 현실에 타협해버린 낡은 에너지는 20대 신입 직장인의 열정을 식게 하고 기존 세대와 타협하게 한다.

그뿐만 아니라 경쟁은 취업에 성공했다고 끝난 게 아니다. 사회는 학점, 취업보다 더한 '초경쟁'이다. 좋은 고과 점수를 위해 업무 이외에 자기계발도 해야 하고, 인맥과 비즈니스를 위해 술자리도 가져야 한다. 살아남기 위해, 남보다 더 높은 자리에 오르기 위해, 도태되지 않기 위해 자신들을 채찍질할 수밖에 없다. '박카스'다 '헛개나무'다 하는 피로회복제의 약발이 끝난 지도 오래다. 잘 먹고 잘살기 위해 이렇게 사는 것이 진정한 행복일까?

증권 회사의 경우, 하루하루가 치열하다. 이른 아침부터 밤늦게까지 사람들은 불황 속에서 제대로 풀리지 않는 업무 상황에 치인 채 스트레스로 곤두서 있다. 새벽부터 시작하는 내부 미팅이 끝나자마자 고객에게 영업 전화를 돌리느라 바쁘다. 실망스러운 경제 지표와 기업 실적으로 여기저기 한숨 소리가 들린다.

출근하는 아침 시간, 열흘 중 여드레는 사무실이 장례식장처럼 축 가라앉아 있다. 늘 무슨 일이 터지지 않을까 하는 불안감이 감돌고, 사람들은 경직되어 있다. 나는 막내 어시스턴트로서 얼어 있는 분위기를 깨보려 노력했다. 외국계 증권 회사 막내생활 4년간 사무실 분위기를 위해 노력한 것은 바로 '아침 인사'였다.

"안녕하세요~옹!"

사무실 문을 열면서 고음의 아침 인사는 시작된다. 상사들의 책상 하나하나를 지나가며 한 사람씩 얼굴을 본다. 눈을 마주칠 때마다 미소 섞인 인사가 이어진다. 사무실 구석에 있는 내 자리에 앉을 때까지 인사가 다섯 번 이상 반복된다. 입사 초반, 보수적인 골드만삭스 사무실에서 어린아이 같은 나의 해맑은 목소리는 사람들을 어리둥절하게 했다. 인사를 받고 대답하는 사람은 많지 않았다.

"예은 씨, 참 용감한 거 같아."

"이렇게 싸한 분위기의 사무실에 큰 소리 내면서 들어오는 건 예은 씨가 유일해."

하지만 시간이 흐르면서 내 아침 인사는 조금씩 사람들의 마음을 열었다. 인사에 대답을 하는 사람들도 늘어났다. 인사에 미소를 보이며 농담을 해주시는 상사도 생겼다.

"예은 씨, 더 크게 소리 질러봐, 더 크게! 허허!"

회사에 출근하는 동안 단 한 번도 인사를 빠뜨린 날이 없었다. 용기 있게 감행한 나의 아침 인사는 사무실에 작지만 긍정적인 변화를 가져왔다. 실적을 위해 앞만 보고 달려가는 사람들에게 잠깐일지라도 주변 사람들과 소소한 대화를 나눌 '틈새 여유'를 만들어주었다.

내가 아침 인사를 한 가장 큰 이유는 직장을 놀이터로, 즉 즐거운 분위기로 만들고 싶었기 때문이다. 현재 주어진 환경을 당장에 바꿀 수는 없다. 좌절할 수도 있는 만큼, 또 뛸듯이 기쁜 순간도 오게 마련이다.

인생은 롤러코스터다. 그야말로 변화의 연속이다. 오르락내리락하는 삶의 굴곡은 당연한 이치다. 삶의 조각인 일상에서 즐거움을 찾으

려는 노력이 있어야 흔들림 없이 단단하게, 행복하게 살 수 있다. 진짜 행복은 주어진 환경에서 찾는 것이 아닌 내 마음에서 찾는 것이다. '처음부터 삶에는 행복이라는 요소가 있었다. 단지 사람들이 너무 늦게 발견할 뿐이다'라는 중국 속담처럼!

아주 작은 일상의 변화로 행복 지수가 1도씩 올라간다. 그렇게 일상의 즐거움이 쌓이고 쌓이면 행복 지수가 100도가 되어 열정이 끓게 된다. 인생이라는 롤러코스터를 타고 오르락내리락 변화를 즐기자. 변화의 꽁무니를 쫓아가는 것이 아니라 함께 어울려야 지치지 않는다. 결국 일과 개인적인 삶 모두 내 것으로 만들 수 있다.

나는 내 행복 지수를 최대한으로 끌어올리기 위해 일터에서 즐길 만한 요소들을 찾았다. 그 첫 번째가 아침 인사였던 거다. 밝은 목소리로 인사를 하며 사무실에 들어가는 행동은 주변 사람들을 잠깐이나마 기분 좋게 해줄 뿐만 아니라, 나 자신에게도 많은 도움이 되었다. 하루를 유쾌하게 시작하려는 의식적인 노력을 통해 얼굴에 미소를 만들고, 주변 사람들과 좋은 한마디 더 나누는 일은 생활의 활력을 더욱 왕성하게 해주었다. 이러한 행동은 일상적인 일터의 또 다른 부분에서 즐거움을 찾으려는 노력으로도 이어졌다.

증권 회사의 막내 어시스턴트로서 궂은 업무를 너끈히 버틸 수 있었던 것은 현재 상황을 긍정하고 주어진 어떤 상황에도 현재를 더 좋게 만들어가고자 노력한 덕분이었다. 결국 입사 첫해 인사 평가에서 아시아 전체 어시스턴트 중에서 상위 20퍼센트에 드는 높은 고과 점수를 받기도 했다. 연말 평가의 피드백 중 나의 아침 인사가 긍정적으로 여러 번 언급되기도 했다.

'성공은 자주 웃고 많이 사랑하는 것이다.'

『노는 만큼 성공한다』에서 김정운 교수가 강조한 말이다. 단순히 돈을 버는 수단으로서 일을 바라보면 자기만 괴롭다는 의미다. 그의 말을 빌리자면 소위 '놀면 불안해지는 병'에 걸린 21세기 현대인들에게는 근면 성실을 뛰어넘어 재미를 찾는 시도가 필요하다. 매 순간을 되도록 즐겁게 살아야 일도, 개인적 삶도 좀 더 능동적으로 여길 힘이 생긴다. 저절로 행복해지는 법이란 없다. 즐길 줄 아는 마음의 자세가 필요하다.

주변을 둘러보자. 아직도 암울하기만 한가? 지금 거울에 자신의 얼굴을 비춰보자. 미간에 인상 잔뜩 찌푸리고 전공 서적이나 모니터를 들여다보고 있지는 않은가? 학교가 마음에 안 들어 어쩌고저쩌고, 회사가 월급이 적어서 이러쿵저러쿵…… 환경에 의존하고 주어진 상황을 평가만 할 줄 알아선 안 된다. 마음이 따르지 않는 상태에서 의무적으로 변화를 따르다 보면 지쳐버리기 십상이다.

아침 일과 시작을 30분 일찍 당겨 여유롭게 커피를 마시며 신문을 보는 것도 좋다. 인상 잔뜩 찌푸린 주변 친구나 동료에게 힘내라며 박카스와 함께 말 한마디 건네는 것도 괜찮다. 점심 시간에 요가를 배우는 일도 기분 전환에 좋다. 하루 일과의 절반 이상을 보내는 공간에서 아주 작은 것에서부터 즐거움을 찾아보자. 작은 행동들이 쌓이면 주요 업무에서도 긍정적인 에너지를 보태는 원천이 된다. 일이 지겨운 밥벌이가 아닌 즐거움이 되어야 매 순간을 의미 있게 보낼 수 있다. 행복한 사람이 성공할 확률이 성공한 사람이 행복할 확률보다 높다는 사실을 기억하자.

이제 우리 세대가 '일'의 개념을 바꿀 차례다. 거울을 바라보고 자신 있게 외쳐보자.

"나는 일이 즐겁다!"

08

실패할 줄 알아야
성공도 할 수 있다

다음의 내 이력에는 어른들이 지적하는 오점(?)이 있다.

- 호주계 증권사 세일즈 어시스턴트 1년
- 프랑스계 증권사 세일즈 어시스턴트 5개월
- 미국계 증권사 세일즈 어시스턴트 1년 9개월

4년이라는 업무 경력에서 오랫동안 몸담은 직장이 없었다. 마지막 직장이었던 골드만삭스에서 인터뷰를 보던 당시, 내 짧은 이력은 지적을 받았다.

"아직 어리긴 하지만, 2년 이상 한곳에서 일하지 않았는데 무슨 문제라도 있나요?"

당연히 4년간 변화가 많았던 만큼 우여곡절도 많았다. 글로벌 금융 위기로 1년 만에 첫 직장에서 해고 통보를 받았고, 두 번째 직장에서는 더 좋은 조건의 미국 기업으로부터 인터뷰 제의를 받아 도중에 인터뷰를 하러 온 것이었다. 한 번은 외부 환경에 의해, 또 한 번은 스스로 더 좋은 업무 환경을 위해 직장을 바꿨다. 그러나 사정이 어떻든 간에 이력서만 봤을 때 직장을 여러 번 옮겼다는 사실은 변함없다. 이력서는 객관적 결과만을 냉정하게 담고 있기 때문이다. 그저 진중하게 회사를 오래 다니지 못해 '바람직하지 않은' 커리어로 기록되어 있는 것이다.

스물일곱에 첫 회사에서 예상치 못하게 구조조정을 겪은 후, 나는 더 이상 회사를 믿지 않게 되었다. 과거 의존적인 사고방식으로 살아온 탓에 세상으로부터 크게 혼났다고나 할까. 나 자신의 상황을 돌아볼 수 있는 계기였다. 정신이 번쩍 들었다. 진로에 대한 확고한 비전이 없었기 때문에 외국계 금융 회사의 껍데기만 보고 들어갔던 것이 문제였다. 외향적인지 내향적인지, 그리고 창의적 업무가 맞는지 틀에 맞춰진 조직적 업무가 맞는지, 나 자신의 업무 성향을 진지하게 고려해본 적도 없었다. 주변에서 그랬듯 남들이 하고 싶어 하는, 대세라고 불리는 기준에 맞춰 의사결정을 해왔던 지난날이다.

조직의 갑작스럽고 일방적인 통보에, 마치 내비게이션이 고장 나어떻게 가야 하는지를 몰라 도로에서 우왕좌왕하는 초보 운전자 신세가 되어버렸다. 내비게이션에만 의존했던 초보 운전자는 기기가 없으면 시내 도로 상황에 백지상태가 된다. 지금까지 기계가 가르쳐준 화살표에만 의존한 나머지 실제로 주변 상황이 어떤지 생각해본 적이 없기 때문이다. 하지만 초보 운전자가 길을 잃든 말든 다른 운전자들은 전혀 신경 쓰지 않는다. 도로 상황은 늘 한결같이 바쁘다. 결국 차들이 쌩쌩 지나다니는 도로에서 헤매고 있는 초보 운전자만 위험에 빠진다.

두 번째 회사에서 운 좋게 첫 회사와 똑같은 포지션으로 옮겼지만 미래에 대한 불안감은 여전했다. 공백 기간 없이 급하게 회사를 옮긴 터라 계약직 조건으로 일할 수밖에 없었다. 업계에서 누군가 해고당했다는 소식을 들을 때마다 나 역시 초초할 수밖에 없었다. 마지막 직장이었던 골드만삭스로 더 나은 조건을 위해 옮기면서도 마찬가지였다. 겉보기엔 남들이 가고 싶어 하는 좋은 회사만 골라서 옮겨 다니는 상황처럼 보였다. 어쨌든 나는 좋은 직장이라는 명분하에 하루하루 일만 하고 있을 뿐이었다. 남들에게 좋은 직장이라 평가받는 곳에서 나만의 비전이나 미래에 대한 기대는 찾기 힘들었다.

이런 4년간의 커리어 방황은 5년 후, 10년 후가 기대되는 인생의 좌표를 찾을 고민의 기회를 주었다.

'회사에서 일을 하면서도 언젠가 끝이 보인다고 느끼는 건 나뿐인가?'

'지금 이곳의 생활이 안정적이긴 하지만, 만일의 상황이 닥친다면 과연 어떻게 미래를 꾸려가야 하는 걸까?'

걱정은 점점 내 미래에 대한 진지한 고민으로 이어졌다. 그리고 환경에 대한 믿음이 아닌 나에 대한 믿음이 필요하다는 사실을 깨달았다. 좀 더 정확히 말하자면 미래에 대한 확신을 갖기 위해 필요한 두 가지를 깨닫게 되었다.

첫째, 스스로의 역량이다.

변화 많은 거친 세상에서 자립 가능한 능력을 키워야 한다.

둘째, 확고한 꿈이다.

내가 가진 역량을 지속적으로 발휘하려면 바른 길로 나가야 한다. 그 길을 설정해주는 보이지 않는 힘은 바로 '꿈'에서 나온다.

역량과 확고한 꿈은 주변의 말을 듣기만 하는 사람이 아닌 주체적으로 실천하는 사람이 되기 위해 필요한 것들이기도 했다. 미래에 대한 고민은 내가 진짜 하고 싶은 일이 무엇인지를 찾아내는 계기가 되었다. 지금까지 가장 좋아했던 여행, 전 세계에서 겪은 경험담을 글로 담아 비슷한 입장의 또래들에게 동기부여해주는 선한 목적의 삶! 진정으로 추구하는 라이프스타일이었다. 첫 번째 개인 저서의 초고 집필이 끝난 뒤, 본격적으로 꿈에 투자하기로 마음먹고 회사에 퇴사 의사를 전했다. 조직에 의지하며 살아가던 날들의 마지막 순간, 서른 살의 여름이었다.

물론 고민도 많았다. 또다시 회사를 나가 무언가를 한다면 결국 2년도 채우지 못하고 다시 그만두는 셈이다. 2년 미만의 업무 경력이 하나 더 추가되는 거다. 하지만 골드만삭스를 제 발로 걸어 나왔을 때는 달랐다. 미래에 대한 불안감보다는 기대감이 컸다. 해고, 잦은 이직이라는 경험이 꿈을 향해 살아가는 용기 있는 지금의 나를 만들어준 것이다. 경력관리 실패는 오히려 나를 변화시키는 계기가 되었다.

하마터면 해고 통보 이후, 갈피를 못 잡고 취업에 대한 두려움에 방황했을 수도 있었다. 지금까지, 혹은 몇 년 뒤에도 불안감을 떨치지 못한 채 그 자리에서 전전긍긍하고 있을지도 모르는 일이다. 하지만 나는 실패 속에서 성장동력을 찾았다. 걸음마는 수없이 걸어봐야 배울 수 있는 것과 같은 이치다. 넘어지는 것을 반복하며, 스스로 보호하고 제대로 걷는 방법을 몸으로 터득한다. 증권사의 화려한 무늬만 보고 따라다니다 제대로 된 경력을 쌓는 데 실패한 덕분에 나 자신이 진짜 원하는 꿈을 발견할 숨은 기회를 잡을 수 있었다.

대부분의 사람은 스티브 잡스가 애플을 세계 제일의 기업으로 이끈 비결로 그의 창의력과 추진력을 꼽는다. 하지만 측근들은 그가 애플에서 해고당한 실패의 순간이 그를 더 탁월하게 만들었다고 말한다.

"스티브가 만난 최고의 행운은 우리가 그에게 애플에서 나가라고 한 일이다."

애플에서 쫓겨난 뒤 넥스트를 차렸지만 당시 큰 성과를 이루지는 못했다. 하지만 그는 회사 경영을 하는 데에서 노련해졌고, 미래 애플 기술력의 바탕이 될 소프트웨어를 개발하기도 했다. 그와 함께 일했던 『미친듯이 심플』의 저자 켄 시걸은 스티브 잡스가 겪은 실패들을 이렇게 묘사한다.

'넥스트에서의 그 모든 시간은 그를 더 나은 사업가이자 더 나은 리더로 만들었고, 혹독한 시련을 통해 그는 더 나은 인간이 되었다.'

실패 속에 숨어 있는 도약 가능한 가치를 발굴하는 것이 인생 학교의 올바른 과정이다. 스티브 잡스의 2005년 스탠퍼드대학교 졸업 연설을 마음으로 읽어보자.

"애플에서 해고당한 것은 제 인생 최고의 사건이었습니다. 그 덕분에 성공에 대한 중압감은 모든 것을 확신할 수 없는 초심자의 가벼움으로 다시 바뀌었습니다. 내 인생에서 가장 창의적인 시기로 들어설 자유도 주었지요. 애플에서 해고되지 않았더라면 내게 이 모든 일들이 일어나지 않았을 거라고 확신합니다. 너무 쓰지만 환자에게는 꼭 필요한 약이었지요. 때로는 삶이 벽돌로 당신의 머리를 내려칠 때도 있습니다. 하지만 결코 믿음을 잃지 마십시오."

우리 세대는 대체적으로 배부른 유년 시절을 거쳤다. 부모님의 그늘에서 얌전하게 자라왔기 때문에 '실패'라는 것을 몰랐다. 그래서인지 20대 때 한 번 넘어지면 다시 일어설 줄 모른 채 그대로 주저앉아 버리고 현실에 순응하는 경우가 많다. 원하는 대학 진학에 실패하면 평생 학벌 콤플렉스를 안고 살거나, 대기업 취업에 실패하면 취업 준비생으로 남으려고만 하지, 작은 회사에는 들어가려 시도조차 하지 않는다.

그러나 지금까지 살아온 과거의 시간은 앞으로 살아가야 할 미래

의 시간에 비하면 아주 짧다. 예상하지 못한 결과를 실패라고 단정하기보다 위기 속에서 또 다른 기회를 발견하는 데 집중하며 삶의 균형을 잡아야 한다. 자기만의 방향을 가지고 어떤 상황이든 극복할 줄 아는 '강단'이 필요하다. 두려움을 버릴 줄 아는 법을 배우고, 다시 일어설 줄 아는 용기를 배워라. 그리고 나의 역량을 기르고, 비전을 확고히 하자.

좋은 직장에서 남들에게 인정받으며 그저 편하게 살려고만 했던 과거의 게으름……. 결국 금융위기, 증권업계의 불황이라는 환경에 끌려다닐 수밖에 없었다. 지금은 그 커리어 실패에 감사할 뿐이다. 내 인생에서 진짜와 가짜를 명확하게 구분할 수 있었고, 나를 두들겨가며 좀더 단단하게 만들어주었으니까.

실패해도 좋다. 다만, 두려워하지는 말자. 실패도 어차피 지나가는 과정일 뿐, 미래에 웃으면서 "그땐 그랬지" 하고 말하게 될 것이다. 두려워하지 말고 삶이라는 롤러코스터를 즐기자.

09

굳건한 믿음으로
드림로드를 걸어라

얼마 전 신문에서 강렬한 오렌지 컬러 광고 하나를 발견했다. 다양한 크기의 오렌지 컬러 박스들이 쌓여 있는 사진과 함께 독특한 광고 문구가 시선을 사로잡는다.

'a new place for orange box'

오렌지 박스를 위한 새로운 공간. 바로 명품 브랜드 '에르메스'의 새 부티크 오픈을 홍보하는 광고였다. 새로운 매장 소식을 알리는 목적의 광고에 매장의 모습이나 에르메스 제품 사진이 아닌 오렌지 박스가 쌓여 있는 이미지가 더 효과적인 이유, 바로 브랜드가 지닌 아이코닉 이미지의 힘이다.

지난 수십 년간 채도 높은 강한 오렌지 컬러는 에르메스를 상징해왔다. 에르메스의 모든 판매 제품은 오렌지 박스에 담겨 포장되었고,

끊임없이 고객들에게 사랑받아왔다. 일반적으로 발랄하거나 산뜻한 느낌을 가진 오렌지 컬러는 프랑스 장인정신을 상징하는 에르메스 로고를 만나 최고급 이미지를 얻었다.

에르메스의 오렌지 박스가 하나의 상징물이 되기까지, 브랜드철학을 일관되게 유지해온 것이 큰 힘이 되었다. 럭셔리 왕국의 CEO 악셀 뒤마는 성공 비결을 다음과 같이 설명한다.

"에르메스의 무기는 장인정신. 우리는 스스로를 창조적 장인이라고 생각한다."

장인정신이라 말할 수 있는 에르메스의 자신감은 갑자기 하루아침에 이뤄진 것이 아니다. 단순한 선택과 집중만으로는 불가능하다. 집중에 플러스알파로 '꾸준함'이라는 요소가 있어야만 가능하다. 에르메스의 오렌지 박스는 그들의 철학과 고유의 가치가 복합적으로 담겨 있기에 다른 명품 브랜드들의 포장 박스보다 월등히 도도하다.

우리 삶도 마찬가지다. 진짜 명품이 되느냐, 어설픈 가죽 가방으로 남느냐는 고유한 꿈을 일관되게 밀고 나아가는지에 달려 있다. 그 꿈을 지속적으로 열망하면 장기적 비전이 되는 것이다.

나만의 영구적 가치, 인생의 특별한 오렌지 박스는 무엇일까?

이 글을 쓰던 2014년 12월은 회사를 그만둔 지 딱 5개월째 되는 달이었다. 어떻게 내 신상을 알았는지 아직도 가끔씩 헤드헌터에게 채용 관련 제의 문의 전화가 온다. 꽤 규모 있는 프랑스 명품 회사 한국 대표의 어시스턴트 자리란다. 영어, 불어 구사 가능자 조건에 부합한 나에게 포지션에 관심이 있는지 물어본다. 예전 회사에 있었더라면 이런 제의에 마구 흔들렸을 것이다. '해외 명품 회사라면 덜 치열하게 일할 수 있을까?', '더 폼 나게 일할 수도 있지 않을까?' 하며 이리저리 재고 있을 과거 모습, 안 봐도 뻔하다. 그러나 이젠 다르다. 단 1초의 망설임 없이 거절한다.

"저한테 관심 가져주셔서 감사합니다. 하지만 괜찮습니다. 이젠 일반 직장이 아니라 진짜 하고 싶은 일을 하고 있거든요."

수화기 반대편의 헤드헌터가 당황한 듯 말했다.

"아, 그러세요? 영어랑 불어 둘 다 하실 수 있는 인재인데, 아쉽네요. 혹시 무슨 일을 하고 계신지 여쭤도 될까요?"

"사람들에게 동기부여해주는 작가 활동을 하고 있습니다. 앞으로는 구인 관련해서 연락 안 주셔도 됩니다."

인생의 노예로 살았던 과거에는 상상도 못할 모습이었다. 내 현재 모습에 대해 믿음으로 가득 찬 대답이었다. 스스로의 기준에 맞는 인생을 살고 있기에 가능한 자존감이었다.

단순했다. 마음이 가는 대로, 미래가 기대되는 방향을 선택했을 뿐이다. 머무를 것인가, 뛰어들 것인가의 문제는 이미 조직을 떠나면서 넘어섰다. 이젠 꾸는 꿈대로 살기 위해 나만의 철칙이 필요했다. 철칙대로 하고자 하는 일에 집중할 원동력은 바로 나 자신에 대한 믿음이었다.

물론 주변 사람들의 반대도 있었다. 하나같이 미래에 대한 '불안감'이 깔려 있었다. 좋은 직장을 그만둔다고 하자 부모님과의 갈등의 골도 깊어졌다.

"서른에 회사를 그만두면 결혼은 어떻게 하려고 그래?"

"아니, 그 좋은 직장을 왜 때려치워? 네가 혼자서 그만큼 벌어먹고 살 수 있을 거 같아?"

하지만 골이 깊을수록 산은 높은 법이다. 사람들에게 여행과 라이프스타일 코치로서 꿈을 동기부여하겠다는 내 의지는 확고했다. 주변의 부정적 반응을 겪을 때마다 꿈을 반드시 이뤄야 한다는 생각은 점점 강해졌다.

물론 꿈을 좇는 과정에서 현재 수입이 예전보다 못한 것은 사실이다. 하지만 행복은 목적지만큼이나 그 과정에도 있다. 물질적으로 넉넉하고 안정적인 골드만삭스에서의 생활은 그다지 행복하지 않았다. 오히려 벌이는 훨씬 줄었지만 자유롭게 글을 쓰고, 동기부여 전문가의 삶을 조금씩 실천해나가는 지금이 마음은 더 풍요롭다. 바로 나 스스로의 미래에 대한 기대감(Expectation)과 믿음(Belief)이 있기 때문이다. 조직 내에서의 안정적인 삶이 꿈이 될 수도 있다. 하지만 내면에 진짜 꿈을 설정한 이상, 나에게는 꿈을 향한 하루하루의 행동(Action)이 곧 행복이다.

이쯤에서 한번 자문해보자.

지금 자신에 대한 기대와 믿음을 갖고 사는가?

류승완 영화감독은 현재 영화 제작과 연기 두 가지 분야에서 모두 활발한 활동을 하고 있다. 과거 그에게도 재능이 없는 것 같다며 영화를 그만두려던 갈등의 순간이 있었다. 그때 박찬욱 감독이 그에게 이렇게 충고했다고 한다.

"재능이 있고 없고가 중요한 게 아니라 스스로 있다고 생각하는 그

믿음이 중요하다."

시련의 신인 시절을 거쳐 이제 대한민국을 대표하는 감독 중 한 사람이 되기까지, 박찬욱 감독과 류승완 감독에겐 자신에 대한 확신이 성공의 비결이었던 셈이다.

물질적으로 풍요로운 시대에 살고 있는 우리는 '끈기 부족'이 습관화되었다. 적당히만 해서 적당히 살아도 된다는 생각이 결국 한 가지를 하더라도 제대로 하지 않는 의지박약의 인간형을 만드는 것이다. 인생에 주인의식을 가져야 생각과 행동이 좀 더 주체적으로 변한다.

다음의 3단계 과정이 불확실한 미래를 사는 우리를 드림로드(Dreamroad)로 인도해줄 것이다.

첫째, 자신에게 솔직해지자.

원하는 것이 무엇인지, 내가 무엇을 할 때 행복한지 되짚어보면 좋다.

둘째, 꿈을 꾸자.

꿈이 실현될 수 있도록 원하는 리스트를 작성하고 매일 마음속에 각인시키자.

셋째, 그것을 자주 생각하며 나는 반드시 그렇게 될 것이라는 확신을 갖자.

스스로에 대한 무한한 확신은 곧 생각과 행동에 자연스레 녹아들 것이다.

이제 당신의 오렌지 박스에 강한 믿음과 비전을 가득 채워보자. 그러면 꿈이 이루어지기 시작할 것이다.

{
10
}

준비하며
'때'를 기다려라

우리의 삶은 냉정하리만치 공평하다. 소망하는 바를 얻기 위해 절대 공짜란 없다. 꿈꾸는 만큼, 노력하는 만큼, 그에 따라 운이 뒷받침해주는 만큼 결과가 나오게 되어 있다. 물론 내 말에 반대하는 사람들도 있을 것이다.

"아니, 그럼 부잣집 자식들은? 부유한 인생을 타고난 건 노력해서가 아니잖아."

하지만 그들은 극소수에 불과하다. 시작이 화려할 뿐 100퍼센트 해피엔딩으로 끝나지 않는 경우도 있다. 개인적으로 방탕한 생활을 하거나, 방만 경영으로 여론에 질책을 받고 자리를 물러나기도 한다. 이혼, 형제간의 다툼 같은 가족 문제가 터져 미디어에 대문짝만 하게 실리기도 한다. 결국 시작점에서 차이가 있어도 결과가 그대로 일치하는 것은 아니다. 마지막 승부가 진짜다.

중요한 것들은 단번에 판가름 나는 경우가 없다. 스마트폰 시장에서 삼성과 애플의 끝없는 경쟁처럼 말이다. 20대에 좋은 학교, 좋은 직장이라는 뛰어난 스펙을 가지고 있다 할지라도 '성공한 사람의 삶'이라고 단정할 수는 없다. 좋은 스펙 뒤에 꾸준한 발전의 노력이 있어야 나이가 들면서 인생의 성장 곡선을 위를 향해 힘차게 그려나갈 수 있다.

인생의 판을 바꾸는 터닝 포인트는 그저 마음만 먹는다고 단번에 맞이할 수 없다. 성공학의 거장 나폴레온 힐이 "성급함이야말로 사람을 파멸시킨다"라고 말했듯이, 핵심은 바로 '꾸준한 열정'이다. 나무를 베려면 도끼부터 갈아야 한다. 꿈을 손에 쥐려면 그만큼 버퍼링 기간이 필요하다. 지속 가능한 열정은 꿈을 향해 전진하는 연료다. 서른을 앞두고 스티브 잡스가 남긴 교훈은 멋진 미래를 위해 우리가 지금 어떻게 나아가야 하는지 좋은 팁이 된다. 애플의 역사적인 영웅은 다음 30년을 위해 젊은 시절을 '연단'의 과정으로 여겼다.

"사람은 처음 삼십 년 동안 습관을 만듭니다. 그다음 삼십 년 동안은 습관이 사람을 만듭니다. 내년 이월이면 서른 살이 되는데 그 생각이 제 마음속에 불현듯 떠오르네요."

나는 여행을 무척 좋아했다. 낯선 여행지에서 평소에 하지 못했던 새로움에 도전하는 일은 마음을 풍요롭고 단단하게 만들어주었다. 수많은 여행지를 다닌 20대 때 나만의 여행철학도 세웠다. 그리고 서른을 앞두고는 '특별한' 변화를 만들어야겠다는 생각이 들었다. 가장 좋아하는 '여행'의 추억들과 사유를 책에 담고 싶었다. 10년간 머릿속에 여기저기 흩어진 추억의 조각들이 사라지지 않도록 말이다. 작가가 되어 좀 더 재밌는 30대를 만들어보기로 결심했다. 스티브 잡스처럼 미래의 30년을 위해 작가가 되기 위한 준비 과정을 거쳐야 한다. 인생의 터닝 포인트, 즉 그 '때'를 위한 액션이 시작되었다.

그러나 작가라는 미래를 꿈꾼다고 당장에 회사를 그만둘 수는 없었다. 대학 시절, 나름대로 글 좀 쓴다는 소리를 들었지만 갑자기 책을 쓰기란 쉽지 않다. 맨땅에 헤딩하는 것과 다르지 않기 때문이다. 맨땅이 아닌 하늘을 향해 헤딩을 해야 한다. 더 높은 이상에 초점을 맞춰서 차근차근 점프 연습을 해야 했다.

'SWOT 분석'이라는 전통적인 마케팅전략이 있다. 여기에는 강점 (Strength), 약점(Weakness), 기회(Opportunity), 위협(Threat)의 네 가지 요인이 있다. 꿈을 향한 준비에도 이 SWOT 분석법을 활용하여 나 자신의 강점과 약점을 발견하고, 주변 환경 중 유리한 기회와 방해 요인들을 분석해볼 수 있다. 예컨대 셀프 SWOT 분석을 통한 당시 내 모습은 다음과 같았다.

작가 목표를 위한 셀프 SWOT

· 나의 강점 : 새벽형이다. 계획성 있는 생활을 한다. 적응이 빠르다. 욕심이 많다.

· 나의 약점 : 감정적이다. 성격이 급하다. 수다스럽다.

· 나에게 주어진 기회 : 주말 시간은 자유롭다. 주말에 운영하는 작가 양성 교육 과정을 찾았다.

· 나에게 주어진 위협 : 야근과 저녁 약속이 잦다.

셀프 SWOT 분석 후, 목표에 도달하기 위해 필요한 수단과 단계를 따져보았다. 그리고 중요도에 따라 정리한 뒤, 현재 가능한 것들부터 실행해보기로 했다. 수영에 앞서 구명조끼를 갖춰입는 것보다 준비 운동을 하는 것이 나 스스로의 수영 실력을 위해 더 중요하다. 초능력자가 아닌 이상 하루아침에 능력이 발휘되지는 않기 때문이다. 연습으로 잠재된 능력을 깨워야 했다.

우선 회사를 다니면서 틈나는 대로 정보 수집 목적의 독서를 시작했다. 잘 썼다는 여행 저서들을 닥치는 대로 읽고, 여행 잡지를 보며 추억의 여행지들에 대한 최신 정보들도 섭렵했다. 기존에 알고 있었던 여행 상식 이상으로 트렌드를 파악하고, 여행 작가들의 문체를 파악하기 위해서였다. 취미 독서에서 생존 독서로 전환한 것이다.

두 번째, 스무 살 때부터 서른 살까지 수많은 여행 추억을 에피소드별로 정리했다. 에피소드마다 어떤 메시지를 남길 수 있는지 고민했다. 미래 독자들을 위한 나만의 여행 콘텐츠가 필요했다.

그리고 전문 작가가 운영하는 책 쓰기 교육 과정을 찾아 다녔다. 작가라는 목표에 바탕이 될 전문적 지식과 글쓰기 스킬을 배워나갔다. 가르침대로 내 이야기와 생각들을 써 내려갔다. 몇 개월 동안 여행 사례와 콘텐츠도 어느 정도 확보하고 필력을 쌓고 난 후, 그다음 단계는 직접 써보는 것이다. 바쁜 회사생활 속에서 책을 쓸 시간은 새벽과 퇴근 후, 주말 시간뿐이었다. 무조건 써 내려갔다. 업무 시간 외에 가장 중요하게 여기는 일은 '집필'이었다. 가장 좋아하는 콘텐츠, 여행! 스무 살 때부터 지난 10년간 낯선 곳에서의 경험들이 활자로 옮겨졌다. 한 글자, 한 글자 그 당시의 감정을 담아 적어 내려갔다. 그렇게 한 장,

한 장 페이지 수가 늘어가며 내 여행 이야기들은 글로 쌓여갔다. 작가가 되기 위한 기본 다지기로 6개월을 보냈다.

작가가 되겠다고 선언하며 골드만삭스를 퇴사하고 난 여름, 책을 준비하는 여정은 외롭고 고달팠다. 원고와 씨름하고, 새로운 환경에 적응하고, 출판사에 투고하기까지 넘어야 할 산이 계속 나타났다. 하지만 그 과정을 싸워야 할 대상이 아닌, 목표를 위해 즐겨야 할 대상으로 여겼다. 머릿속에는 내 이름 석 자가 인쇄된 저서의 이미지뿐이었다. 미래의 그날을 상상하며 연단 과정을 즐겼다. 결국 12월 첫 개인 저서 『서른살, 독하게 도도하게』가 세상 밖으로 나올 수 있었다. 서른 살의 한 해, 모든 것을 다 걸고 준비한 끝에 나온 소중한 결실이었다.

세계적인 자기계발 작가 말콤 글래드웰은 저서 『아웃라이어』를 통해 자신의 분야에서 최고가 되기 위해 세 시간씩 10년간 꾸준히 해야 한다는 1만 시간의 법칙을 주장한다. 그가 말하는 1만 시간은 단순히 물리적으로 엄청난 양의 시간만을 뜻하지 않는다. 조급해하지 말고, 차근차근 준비하는 것만이 새로운 일에 도전하여 성취하기 위한 안전 수칙이라는 사실이다. 목표가 이뤄지는 그 '때'는 따로 있는 것이다. 정상에 서는 기쁨의 순간을 맛보기 위해 부단히 오르고 또 오르는 작업을 반복해야 한다. 시작이 서툴고 어색한 것은 당연하다. 중요한 것은 '꾸준한' 노력이다. 꿈을 향한 지속 가능한 열정, 당신은 실천해본 적 있는가?

'나는 사자다'라고 생각하자. 이루고 싶은 목표에서 가장 최상위 포식자다. 사자는 배고프다고 눈앞에 널려 있는 풀을 뜯어먹지 않는다. 제대로 포식하기 위해 먹잇감을 포착하고 때를 기다린다. 눈앞에 사소한 편안함과 미미한 두려움으로 위대한 꿈을 포기해서는 안 된다. 인생의 터닝 포인트를 찍을 미래의 순간을 차근차근 준비하고 그 '때'를 기다리자. 마크 트웨인의 말처럼 말이다.

"성공은 간단하다. 옳은 일을 옳은 방식으로, 옳은 타이밍에 하면 된다."

Chapter 3

마음이 간절한 지금,
'지금'이 바로
실행할 때다

01

'언젠가는 하리라' 다짐하지만, 실행하기 좋을 때란 없다

첫 번째 직장에서 같이 일했던 상사를 술자리에서 만났다. 해고 통보 이후 딱 1년 만의 일이었다. 그도 회사를 그만둔 지 몇 개월 지난 상황이었다. 안색은 눈에 띄게 좋아져 있었고, 일을 다시 시작할 생각은 아직 없다고 했다. 실적 스트레스와 고객 접대가 없는 지금이 무척 좋다는 것이다. 겉으로 봐도 확실했다. 표정도 밝아지고 살도 많이 빠져, 몇 년은 거꾸로 간 듯 젊어 보였다.

"오랜만에 여유를 찾으니 정말 행복하네. 요새는 한강 둔치로 하루 종일 자전거 타러 다니고 말이야. 술도 이제 거의 안 먹어."

중년의 다른 직장인들처럼 바쁜 일정 때문에 자신만을 위한 시간은 가져보지도 못했던 분이다. 피로와 스트레스 가득한 삶 속에서 자신을 잊고 살았던 한 중년에게서 처음 들어본 긍정의 말이었다. 평소에는 볼 수 없었던 행복함이 진하게 묻어났다. 스스로에게 솔직해지고, 진짜 행복을 찾은 사람에게 느껴지는 에너지였다.

문득 이런 생각이 들었다.

'일과 삶, 그리고 하고 싶은 것과 해야 하는 것.'

회사생활을 비난하는 것은 아니다. 물론 조직생활은 경제적인 안정을 갖게 하고 업무 경력과 역량을 쌓는 데 많은 도움이 된다. 일은 자아실현을 위해서도 중요하다. 그러나 시간이 지날수록 일과 삶 사이의 균형은 서서히 깨지기 시작한다. 외부 환경을 100퍼센트 예측하기 어렵고, 내면의 나 자신 역시 100퍼센트 계산된 이성에 따라 움직일 수 없기 때문이다. 삶의 균형이 한쪽으로 치우치면 공허함을 느끼기 시작한다. 그리고 '일'과 '해야 하는 것'을 마지못해 떠안고 가는 신세가 되어버린다. 참는 것만으로 삶이라 부를 수 없는데 말이다.

스트레스에 시달렸던 전 직장 상사의 '행복하다'는 대답을 들으며 느꼈다. 좋은 직장에서 고액 월급을 받는 넉넉한 생활보다 일상에서 좋은 느낌을 유지하며 사는 것이 진짜 '잘 먹고 잘 사는 방법'일 수 있음을……. 만일 행복하지 못한 회사생활을 계속 참고 지속했더라면, 과연 언제쯤 '진짜 행복'을 깨닫게 되었을까? 마흔이 넘어서야 스스로에게 솔직한 결단을 내릴 수 있었던 그에게 회사를 그만두는 것 외에 일상에서의 해결책은 없었던 것일까?

우리는 세상에 대한 소심함으로 결정 장애를 겪는 경우가 많다. 갖고 싶고, 하고 싶고, 되고 싶은 욕망을 생각으로만 그치고 산다.

'언젠가는 나도…… 저 여행 작가처럼 자유롭게 여행 갈 수 있겠지?'

'언젠가는 나도…… 저 친구처럼 좋은 직장에 취직할 수 있겠지?'

'언젠가는 나도…… 저 선배처럼 승진할 수 있겠지?'

'언젠가는 나도…… 멋진 차와 집을 장만할 수 있겠지?'

'언젠가는'이라는 레퍼토리는 보이지 않는 마음속 욕망을 행동으로 끌어내는 힘을 방해한다. 결국 꿈은 실행력 부족으로 '때'를 놓치고 만다. '언젠가는 할 수 있겠다'라는 꿈은 '할 걸 그랬어', '그땐 그랬지'라는 미완성의 기억으로 그치고 만다. 인생 발전의 기회를 자신 스스로가 놓아버린 것이다. 도전 앞에서 용기가 부족했음을 알면서도…….

이민아 시인의 '시간은 가끔 내릴 역을 지나쳤다'라는 시는 소심함 속 결정 장애, 행동력 부족한 우리에게 많은 깨달음을 준다. 이 시의 일부를 소개한다.

망설임에 머뭇대다, 알면서도 속절없이

소실된 변명을 삼킨 미로 같은 터널 너머

우리는 때로 무수히 내릴 역을 지나쳤다

(중략)

산다는 건 지난 생에 폐역 하나 남기는 일

망설임에 머뭇대다, 알면서도 속절없이

불현듯, 생의 변곡점 돌아 그대라는 역에 닿는 일

우리는 타고난 환경이라는 열차에 탔다. 그리고 열차가 움직이는 방향대로 움직이며 살아간다. 주어진 환경에 '왜'라는 의문을 품고 변화를 시도하기보다 남들과 같이 안전한 방식으로 살기를 바란다. 열

차 밖의 새로운 세상이 줄 특별한 기회를 알지만 용기보다 두려움이 앞서 열차에서 내리지 못한다. 이 시에서 말하는 것처럼, 지금까지 무수히 많은 기회의 역을 지나쳤기 때문에 특별한 삶을 꾸리지 못하고 평범함에 안주하고 있을지도 모른다.

'언젠가'라는 결심을 불명확한 미래로 미루는 행동은 비겁하다. 겉으로 아무리 변화를 원하고 있다 해도 사실상 내면에서 변화하길 거부하는 것이기 때문이다. 이런 게으른 사고방식과 나약한 실행력은 결국 아무리 작은 일이라도 당장 실천하기 어렵게 만든다. 가장 적당한 시기를 기다리다가는 때를 잡을 기회조차 놓치게 된다. '그때 그 역에서 내렸더라면'이라는 후회로 떠나보낸 기회를 회상하는 일은 시간 낭비, 소중한 시간에게 죄스럽기만 하다.

실행력 결핍 증상으로 개성 있는 삶에 도전하지 못하는 '적당한' 스펙의 청춘들에게 '작심 24시 법칙'을 권하고 싶다. 무언가 이루고 싶은 욕망이 생겼다면, 이것저것 따지지 말고 목표 달성을 위해 할 수 있는 첫 번째 단계를 구상한다. 그리고 24시간 내 행동에 나서는 습관을 들인다. 시간은 한정적이기에 절대 되돌릴 수 없다. 시간으로 돈을 벌 수는 있어도 돈으로 시간을 살 수는 없다. 냉정한 시간 앞에서 실행력이 중요할 수밖에 없는 까닭이다. 더 이상 적당한 시기란 없다. 생각을 행동으로 옮길 수 있는 '지금'만이 있을 뿐이다.

'서른 살에 책 쓰기로 인생의 터닝 포인트 갖기'라는 2014년 초반의 꿈은 '몰입 독서'와 '여행 작가 공부'라는 작은 실천에서 시작되었다. 막연히 '책 쓰고 싶다'라는 새해의 바람을 포기하기 너무 아까웠다. 바람을 결심으로 바꾸는 데 한 시간이 채 걸리지 않았다. 그 다음 날 바로 몰입 독서를 위해 서점으로 달려갔다. 서점에 진열되어 있는 수많은 책에 둘러싸여 미래에 진열될 내 책을 상상하자니, 가슴이 두근거리기 시작했다. 24시간 안에 실천으로 옮긴 미미한 움직임은 꿈을 향한 시작점이 되어 행동에 파장을 일으켰다. 작은 행동들이 조금씩 진행되어 갔다. 결국 11개월의 준비 기간을 거쳐 12월 초 개인 저서를 출간, '서른 살에 작가되기'라는 꿈을 현실로 이끌어냈다.

작가의 꿈을 그저 새해에 한 번쯤 세워보는 계획으로만 여기고 24시간 안에 무언가 행동으로 옮기지 않았더라면 과연 어땠을까? 코스피 지수에 따라 오르락내리락하는 회사 분위기에 이끌려 아직도 책을 쓰고 싶다는 미련 섞인 생각만 하고 있었을 것이다.

행동으로 연결되지 못한 생각은 꿈이 아니다. 그건 몽상에 불과하다. 미래를 향한 도전에 대한 두려움은 누구나 있게 마련이다. 결과의 차이는 상상을 현실로 만들어내기 위해 일시적인 두려움을 뛰어넘느 나에 있다.

인생에 리허설은 없다. 매 순간의 느낌은 소중하고, 매 순간의 의사 결정이 중요하다. '훗날 무언가 되기 위해서는 반드시 지금 무언가를 해야 한다'는 말처럼 생각을 행동으로 옮길 힘이 필요하다. 원하는 바를 이루고자 한다면 나 자신과의 '작심 24시간 법칙'을 습관화하자. 지금의 망설임은 미래의 후회를 낳을 뿐이다.

지금이 아니면 기회는 없다. Now or Never!

02

도전에는
능력보다 자신감이 중요하다

하루에 나 자신에게 몇 번이나 부정적인 말을 할까? 아침에 눈을 뜬 시점에서부터 자기 전까지 마음속으로, 또는 입 밖으로 소리 내어 스스로에게 하는 부정적 표현에 대해 생각해본 적 있는가?

'아침부터 재수 없게. 난 왜 뭐든지 안 풀리는 걸까?'

'채용 공고네. 이번에도 많이 몰리겠지? 경쟁률도 높은데 고스펙도 아닌 내가 되겠어?'

'나보다 학벌 좋은 동기 녀석이 승진하겠지.'

'지금 벌이 가지고 집 하나 장만할 수 있을까?'

배짱 하나만 있으면 못 할 게 없는 청춘이라는 말, 요즘은 씨알도 안 먹힌다. 미래는 아무도 예측하지 못한다. 불확실성에서 생겨난 두려움은 습관처럼 자리 잡았다. 만만하지 않은 세상에 위축된 나머지, 꽃 피기도 전에 씨가 말라버리고 만다. 졸업도 안 하고, 결혼도 안 하고, 아이도 안 낳고, 안정적인 일자리에만 목을 맨다. 인생의 주인 자리를 내가 아닌 세상에 내어줬기 때문이다. 지금 스스로에게 물어보자.

지금 인생의 주인공으로 살고 있는가?

현실이 아닌 나를 인정해야 한다. 이는 자신감을 갖게 되는 출발점이다. 불확실함에 대한 두려움이라는 부정적 감정에 휩쓸리지 않기 위해 필요한 힘은 바로 자기 확신이다. 과거의 나는 인생의 주인공이 아니었다. 깊고 은밀한 내면에 숨겨진 열망을 외면하고 살았다.

'의무 리스트로 가득 찬 현실적인 삶, 그리고 하고 싶은 일을 실행에 옮기는 용기 있는 삶. 과연 무엇이 바람직한 걸까?'

이것은 20대 후반, 수년간 나의 가장 큰 고민거리였다. 내면의 나는 끊임없이 이 질문에 대한 해답을 갈망했다. 머리가 아닌 가슴이 시키는 일을 하기 위해서 무엇이 어떻게 필요한지 말이다. 취업할 때 필요한 스펙처럼 특정 능력이 필요한 걸까? 그러나 답은 외부에 없었다. 내 안에 있었다. 바로 두려움을 자연스럽게 흘려버릴 '나는 할 수 있다'는 자신감이었다.

나이 서른, 골드만삭스를 그만두겠다고 결심한 뒤 부모님을 비롯한 지인들에게 내 의사를 밝혔다. 예상대로였다. 돌아오는 것은 어리석은 판단이라는 질책 혹은 비난의 화살뿐이었다.

"이제 회사 그만두고 제가 진짜 하고 싶었던 글을 쓰고 싶어요. 회사에는 통보했어요."

"미쳤구나? 그 좋은 직장을 그만둬? 지금 네 나이가 몇인 줄 알고 하는 소리야?"

"알아요. 싱글로서 적지 않은 서른이라는 거. 사 년 동안 증권 회사에서 해고도 당해보고, 이것저것 겪어보면서도 괜찮아질 거라는 막연한 기대에 의지하며 살았어요. 이제 진짜 제가 원하는 게 뭔지 알게 되었어요."

"지금 네 나이가 얼마나 중요한데. 돈도 모으고, 좋은 사람 만나 결혼도 해야지. 지금 그만뒀다가는 어중간한 나이에 다시 취직하기도 힘들어."

"이제 어른들의 기준이 아닌 제 기준에서 해볼게요. 결과로 보여드릴게요. 엄마도 아시잖아요? 아빠랑 엄마 두 분 모두 대기업에서 명예퇴직하셨으면서 아직도 대기업이 정답인 줄 아세요?"

"네 멋대로 할 거면 내 집에서 나가. 네 얼굴 다신 안 본다!"

예전 같았으면, 부모님의 반응에 반항심과 서운한 마음부터 가졌을 것이다. 그러나 그 서운함은 부모님이라는 울타리에 의존하려는 심리가 반영된 순간의 감정일 뿐이다. 미래에 대한 강한 확신과 자신감은 주변의 시선, 외향적 조건, 그리고 두려움까지 떨치고 올라설 수 있게끔 나를 단련시켰다.

퇴사 선언 후, 한 달이라는 짧은 준비 기간 동안 세상이 아닌 나를 믿고 움직이기로 마음먹었다. 부모님의 반대를 무릅쓰고, 조직을 떠나 맨몸으로 세상을 받아들여야 했다. 부모님 집에서 나와 작은 원룸을 구해 독립생활을 시작했다. 부정적 요소들을 차단하고 집필 활동에 몰두하기 위해서였다. 넉넉했던 월급의 절반도 안 되는 돈으로 매

달 고정적으로 나가는 월세 등의 생활비를 관리하면서 물질적으로는 빠듯했다. 하지만 기대에 찬 미래를 가슴에 품으며, 마음은 그 어느 때보다 풍요로웠다.

세상이 아닌 나를 인정하고자 선택한 작가와 동기부여 전문가의 삶. 조직 밖으로 나와 보니 세상은 내가 생각했던 것보다 훨씬 거대했으며 살 만한 것이었다. 누군가에게 꿈과 용기를 준다는 소명을 품고, 사람을 머리가 아닌 마음으로 대할 수 있었기 때문이다. 자기 확신이 점점 강해지면서 세상을 바라보는 시야가 점차 넓어졌다. 눈앞에 보이는 탄탄한 직장의 명함, 넉넉한 월급이라는 나무 한 그루가 전부가 아니었다. 그 나무를 있게 해준 비옥한 토양, 함께 자라나는 나무들까지 포함한 더 큰 숲이라는 진짜 '세상'이 있었다. 용기 내어 한 발짝 나아갈수록 세상은 더욱 거대하고 깊이 있게 다가왔다.

사람을 만나 대화와 눈빛을 교류하며 에너지를 이끌어내는 일, 내가 알고 있는 가치와 노하우를 공유하는 일이 동기부여라고 생각한다. 나에게는 그 노하우가 바로 여행이었다. 기대 가득한 미래 지향적인 대화를 나눌 때 가슴 벅찬 행복을 느낀다. 행복한 그 순간이 곧 나다운 순간이다. 행동에 대해 확신을 가질 수 있다는 느낌은 정말 중요했다.

"눈에서 빛이 나요. 정말 자신감 넘쳐 보여요."

강의가 끝나고 사람들과 이야기를 나누면서 가장 많이 들었던 말이다. 자기다움은 강렬한 긍정적 에너지를 낳게 마련이다. 나의 긍정적인 기운이 상대방에게 전달된다. 사람들이 가지 않은 낯선 길에 도전한 용기를 품고 두려움을 뛰어넘자 더 큰 감동이 기다리고 있었다. 도전에는 뛰어난 능력보다 자신감, 열정이 우선이라는 사실을 깨달았다.

오프라 윈프리는 자신의 저서 『내가 확실히 아는 것들』에서 '인생의 중심은 자신'임에 관하여 이렇게 말한다.

'자리에서 일어나 밖으로 나가, 온전하게 살겠다는 선택을 하자. 그렇게 당신의 여행은 시작된다.'

여행을 떠나 새로운 토양에서 꽃으로 활짝 피어날 것인가, 아니면 지금 고여 있는 물에서 찜찜하게 발을 담구며 가만히 있을 것인가는 자신에게 달렸다. 스스로를 인정하고 대담하게 행동할 필요가 있다.

꼭 회사를 박차고 나와야 한다는 말이 아니다. 자신감으로 일상에 변화를 주는 것부터 시작하면 된다. 늘 현실과 꿈 사이에서 고민만 쌓지 말고, 용기를 쌓자.

인생은 예술이라는 창조 작업이다. 우리는 매 순간 인생이라는 화폭에 그림을 그리고 색을 칠한다. 만일 똑같은 색과 똑같은 붓 터치로 그림을 그려 나간다면? 감상자들을 감동시킬 만한 화가만의 기교를 찾아볼 수 없는 무미건조한 작품이 될 것이다. 도전한다고 손해를 볼 건 없다. 이왕 인생이라는 화폭에 그림을 그려나가야 한다면 나만의 스타일로 과감하게 새로운 것들에 도전하여 좀 더 창의적으로 행동하는 것이 즐겁지 않을까? 나라는 예술가의 가치를 평가절하하지 않아야 한다.

만일 인류가 불확실성에 대한 두려움 때문에 생각을 행동으로 옮기지 않았다면? 라이트 형제가 비행기를 발명하지 않아 하늘을 난다는 것은 불가능했을 것이고, 에디슨이 전기를 발명하지 않아 전기 없이 원시인처럼 살았을 것이고, 샤넬이 여성을 위한 세련되면서도 실용적인 바지 패션을 창조하지 못했을 것이고, 리처드 브랜슨이 버진 그룹을 경영하지 못했을 것이고, 스티브 잡스가 획기적인 디자인의 IT 기기를 애플 소비자들에게 선보이지 못했을 것이다.

'사람에게는 호랑이를 때려잡을 능력이 부족한 것이 아니다. 호랑이를 때려잡을 담력이 부족하다.'

사마의가 남긴 이 말은 수십 세기를 지난 지금도 소심한 현대인에게 통용되는 메시지다.

지금보다 조금만 독특하게 또 과감하게 행동하는 습관으로 자신감을 키우자, 두려움이 인생을 가로막는 일이 없도록! 내 인생의 주변 사람들은 조연일 뿐, 주인공 자리를 넘볼 수 없다. 매 순간 복잡하게 생각할 것 없이 단순하게 나 자신만 믿으면 된다. 자신감은 결과에 따른 부산물이 아닌, 원하는 결과를 창조해내는 핵심 요소다.

{
03
}

만족할 때
한 걸음 더 나아가라

좋은 것도 때로 '독'이 될 수 있다. 적당히 좋은 것들에 둘러싸여 발전하지 못하고 정체되는 경우가 꽤 있다. 상식적인 선에서 생각하고 행동하면, 상식적인 결과만 갖게 된다. 우리 대부분은 울타리 밖으로 나가 자유와 도전을 맛보려 하기보다, 이미 정해놓은 사회적인 틀 속에서 안전하고 편하게 살려고 한다. 뻔뻔하지 못해 뻔하게 사는 인생, 나는 그것을 불확실성에 대한 '두려움'을 꽁꽁 포장한 안주라고 부르고 싶다.

대학에 입학했다. 20대 초반에는 거기까지가 끝인 줄 알았다. 별다른 위기의식 없이 남들 다 가는 어학연수에 학점관리, 영어 성적관리가 인생의 목표인 것처럼 살았다. 몇 년 뒤, 취업해야 할 시기가 다가왔다. 주변의 친구들처럼 말이다. 일자리를 갖기만 하면 인생의 승리

152

자, 취업에 실패하면 낙오자가 된다는 듯이 결론짓고 만다. 또다시 삶의 목표는 취업이 되고, 인생은 치열한 전쟁터로 변한다. 취업 후엔 당장 먹고사는 데 급급해 장기적인 미래 설계는 보류한다.

과거의 나를 비롯한 수많은 20대가 인생을 바라보는 시야는 늘 거기까지였다. 남들 다 갖고, 하고 사는 기준에 맞춰 산다. 그 기준은 사고와 행동 범위를 딱 거기까지만 만들어놓는다. 삶에 대한 기준은 내 것이 아닌 타인의 기준에서 판단된다. 그리고 남들이 보기에 괜찮을 정도로만 만족하며 산다.

최근 미국 스타벅스 일부에서 맥주와 와인을 팔기 시작했다. 앞으로는 모바일 기기로 주문하면 커피를 배달해주는 서비스도 시행할 예정이라고 한다. 전 세계 커피 전문점 시장에서 규모와 인지도로 보나 브랜드 파워로 보나 최고인 스타벅스의 비즈니스 플랜은 의외지만 굉장히 신선하다. 이미 스타벅스는 회사 로고에서 '커피'라는 단어를 빼 버렸다. 일부에서는 성격이 다른 메뉴를 판매하는 것이 기존의 스타벅스 아이덴티티에 어긋난다는 우려의 목소리가 나왔다. 하지만 다른 커피 전문점과는 확실히 다르다. 스타벅스는 단순한 커피숍이 아닌 기업이다. 단순히 현 수익을 창출하는 것을 넘어서 미래를 꿈꾸는 글로벌 기업의 행보다. 나쁘지 않은, 적당한 환경에 안주하기도 하는 우리에게 많은 것을 시사한다.

스타벅스는 단순히 분위기 좋은 매장에서 고급 커피를 제공하는 것 이상으로 훨씬 멀리 내다본다. 혁신에 혁신을 거듭하며 항상 더 높은 곳을 향한다. 실패와 성공 여부에 초점을 맞추기보다 최고의 자리에서 다시 도약하고자 끊임없이 노력한다. 지금까지 만족을 모르며 새로운 도전을 거듭해온 경영방식 덕분에 오늘날 '스타벅스'라는 막강한 브랜드가 소비자들의 로열티, 즉 충성도를 단단하게 한 것이다.

늘 도약에 배고픈 사람이 되어야 한다. 지금 두 번째 책을 한창 집필 중인 2014년 12월은 첫 번째 책 『서른살, 독하게 도도하게』가 나온 달이기도 하다. 두 번째 책의 원고는 첫 책이 출판사 편집 작업에 들어간 지난 가을부터 준비했다. 골드만삭스에서 어시스턴트로 생활하면서 '작가'라는 다음 꿈을 준비했던 것처럼, 첫 책이 인생의 종착역은 아니었기 때문이다. 프로 작가로 인정받기 위해선 앞으로 부단히 커리어를 쌓아야 했고 나에겐 첫 책이 출간되는 기쁨만큼이나 그다음 저서에 대한 욕심도 컸다. 아직 가야 할 길이 많이 남은 서른 초반의

나에게 끊임없이 생각의 범위를 확장하는 일은 매우 중요했다. 그러나 주변에서는 부담스럽다는 반응이다.

"아니, 책도 안 나왔는데 벌써? 너무 빡센 거 아냐? 쉬엄쉬엄 해."

만족할 때 한 걸음 더 나아가기 위해서 대중의 '적당한' 기준에 흔들리지 말아야 했다. 스스로 기대치를 뛰어넘는 것을 유지해야 했다. 한계를 그어놓고 움직여서는 안 된다. 늘 '그다음 단계로 무엇을, 어떻게 할 것인가'를 생각하고 있어야 시간과 에너지를 효율적으로 쓸 수 있다.

우리는 급변하는 세상이라는 비포장도로를 주행하고 있다. 나뿐만 아니라 수많은 사람과 함께 이리저리 부딪히면서 달려간다. 똑같은 속도로 의미 없이 열심히만 달린다면 매일 똑같은 수준일 것이다. 뛰다 힘들면 걷고, 걷다 지치면 쉬어버린다? 그러면 다른 무리에게 뒤처진다. 아니면 대책 없이 굴다가 비포장도로에서 넘어져 일어나지 못할 수도 있다. 수많은 사람이 인생을 장기 레이스에 비유하는 이유다. 현재 상황이 적당히 좋다고 해서 미래마저 보장해주지는 않는다. 무난함은 부족함보다 위험하다. 자칫하다가 원래 가지고 있는 것마저 잃을 수 있기 때문이다.

외국계 증권사 어시스턴트의 자리는 조금만 긴장을 늦추면 정체되기 쉬웠다. 외국계 금융 회사라는 화려한 타이틀과 적당한 보수를 얻고, 세일즈만큼 직접적인 실적 압박도 적다. 그 타이틀로 회사 막내 역할을 하면서 나의 5년 후를 그려보았다. 가까운 미래가 과연 꿈꾸는 대로 긍정적인지, 기대할 만한 것인지를 솔직하게 판단했다. 스스로를 객관적으로 분석하여 얻은 답은 아쉽지만 '아니오'였다. 답을 얻은 후 적당한 현실을 벗어나려는 의지는 '조금만 더'라는 마음가짐에서 시작되었다.

마찬가지였다. 첫 책을 계약하고 나서 그 상태에 기뻐하기만 할 수 없었다. 다음 단계를 구체적으로 계획하며 꿈을 향해 의욕을 장기적으로 높여야 했다. 그래서 책이 출간되기 전부터 다음 원고에 돌입하기 시작했다.

'조금만 더'라는 습관을 만들기 위해 어떻게 하면 좋을까? 일단 나는 작은 일이라도 진행률이 80퍼센트까지 도달하는 순간, 그다음 단계를 생각하고자 노력했다. 지금 결과에 마침표를 찍지 않았다. 점을 찍기만 하는 한계에서 벗어나 점을 그다음 단계라는 다른 점과 연결시키는 일이 중요하다.

현재 성과가 충분하다고 여기며 더 나아지려는 노력을 중단하는 사람이 대부분인 세상이다. 그 속에서 자신만의 목표를 끊임없이 높인다면 분명히 남들과 차별화될 수 있다. 일이 100퍼센트 완료된 상황에서부터 그다음을 찾기 시작하는 것과 미리 계획해놓는 것은 시간으로 보나, 에너지 소모로 보나 차이가 크다.

나 자신에게 격려의 한마디를 날리자.

'이 정도 독기쯤이야, 기대되는 미래를 위해 품어야 하지 않겠어?'

'조금만 더'라는 행동 습관은 두 가지 효과를 낳는다. 일단 나 스스로 끊임없이 성장할 원동력이 된다. 그리고 예상치 못한 상황에 대비한 차선책을 미리 준비할 수 있다. 80퍼센트 진행 상황에서 다음 단계를 미리 준비하는 것은 장기적 미래를 위한 지혜인 것이다.

우리에게 잘 알려진 일본 자동차 제조기업 혼다에서 최근 깜짝 놀

랄 뉴스를 발표했다. 창업 66년 만에 '혼다 제트'라는 비행기 제조에 성공한 것이다. 두 바퀴 달린 오토바이에서 네 바퀴 달린 자동차, 그리고 이제는 두 날개 달린 항공기까지! 혼다의 놀라운 발전에는 하늘을 향한 창업자의 '꿈'이 바탕이 된 수많은 시도가 있었다. 비밀리에 항공기 제작 기술을 배우게 하려고 1986년 자사 엔지니어 다섯 명을 미국으로 보내기도 했다. 첫 시판했던 '혼다 제트' 모델은 사전 주문만 100대가 넘었다. 창업자인 혼다 소이치로의 꿈이 30년 만에 현실로 다가온 것이다. 좋은 것에서 그치지 않고 더 좋은 것을 성취하고자 하는 열정이 우리에게 필요하다는 것을 알려주는 좋은 사례다.

평생직장 개념이 사라진 불안한 미래, 성공이라는 결과 자체에 연연하게 만드는 세상에 쫄지 말자. 성공해야만 잘 먹고 잘산다는 강박관념은 작은 실패에도 좌절하고 포기하게 만든다. 결국 한계를 넘지 못하고 지금 그 자리에 안주하게 되는 것이다. 현실을 정면으로 받아들이는 것 이상으로 바라볼 줄 알아야 한다. 일의 80퍼센트가 진척된 상황에서 플러스알파를 계획하는 행동 습관은 '꿈'을 열망하는 내 인생의 방향을 구체화시켰다.

"난 아직 한창 성장 중이야. 한번 해볼 만한 새로운 기회가 무엇일까?"

"나는 지금 단순히 열심히 하는 걸까, 최고의 결과를 위해 최선을 다하고 있는 걸까?"

만족할 때 한 걸음 더 나아가려면? 목적의식을 품은 채 스스로에게 질문을 던져야 한다, 지금 당장!

04

나를 위한 하루 한 시간을
무조건 확보하라

"예은 씨, 참 부지런하다. 만날 바빠."

회사 다니면서 꽤 많이 들었던 말이다. 부지런하다는 말보다 더 많이 들었던 말도 있다.

"이야! 진짜 빡세게 산다. 오늘은 또 어디 가?"

부인할 수 없었다. '빡세게 산다'는 말을 즐기며 살았다. 그만큼 직장생활 4년 동안 무언가 열심히 해보려고 했다. 요가·헬스 트레이닝에서부터 와인·요리·글짓기 수업까지, 회사 일과 완전히 구분되는 나만의 '특별한' 무언가를 찾고 있었다. 일에 찌들어 사는 주변 사람들 눈에 나는 부지런한 것을 넘어서 피곤하게 사는 친구로 보일 정도였다.

하지만 4년간 꾸준히 특별한 무언가에 투자한 결과, 과거와 비교했을 때 확실히 성장한 나 자신을 발견할 수 있었다. 대학 졸업 당시에 전혀 갖지 못했던 새로운 장점들이 몸에 배었고, 나만의 특별한 이력을 만들어주었다.

- 한 달에 평균 7~8권 독서 습관 생김
- 베이킹 기본 레시피 터득
- 요가 강사 자격증 획득
- 자전거 70킬로미터 종주, 자전거 타기 취미 생김
- 서른 살, 책 세 권 집필

이렇게 성장할 수 있었던 것은 자기계발의 노력 덕분이다. 업무 처리, 야근, 술자리 등 정신없는 생활 속에서도 자기계발을 꾸준히 할 수 있었던 비결은 바로 '시간관리(Time Management)'였다.

모든 사람에게 물리적으로 공평한 시간이 주어지지만, 보이지 않는 가치까지 따져봤을 땐 절대 공평하지 않다. 같은 사무실, 비슷한 업무 환경에서 각자 전혀 다른 라이프스타일대로 살아간다. A는 매일매일 겨우 일어나 출근하고 점심, 저녁 식사는 늘 의미 없는 약속들로 꽉 차있다. B는 새벽같이 일어나 운동도 하고, 퇴근 후에 취미 동호회나 수업을 듣기도 한다. 두 유형의 직장인 라이프스타일은 바로 시간 사용법에서 차이가 난다. 사용법의 핵심은, 시간은 지배하지 않으면 지배당하게 된다는 데 있다. 내가 주체가 되어 시간을 관리하느냐, 환경이 주체가 되어 시간을 관리당하느냐는 의식적인 노력에 달려 있다.

누구나 시간관리를 해야 한다는 것을 잘 알고 있다. 그러나 현실과 이상적인 시간관리가 맞지 않는다는 불편한 사실이 따라다닌다. '시간이 없어서', '일이 우선이라서', '먹고살기 바빠서'라는 이유로 자기 합리화를 하며 시간을 흘려보낼 뿐이다. 성실하게만 살 뿐 스마트하게, 즐겁게 살려는 노력이 빠져 있다.

'소중한 것을 먼저 하라.'

성공한 인물들의 습관을 연구해온 베스트셀러 작가 스티븐 코비 박사가 시간관리에 대해 남긴 명언이자 그의 저서 제목이다. '가장 급한 것', 즉 비즈니스만을 위한 관리가 아닌 인간으로서 의미 있는 삶을 살기 위한 '중요한 것'에 우선순위에 두어야 한다는 것이 핵심이다. 여기서 스티븐 코비 박사가 말한 '먼저'란 가장 중요한 가치를 염두에 두어 시간을 사용한다는 의미를 가지고 있다. 그 가치는 곧 '나' 자신이 중심이 되는 내적 기준일 수밖에 없다.

죽어라 일만 하는 삶이 무의미하다고 느꼈던 나는 늘 자문했다.

'나는 어떤 사람이 되고 싶은가?'

현재와 미래, 그리고 내 정체성에 대해 끊임없는 고민을 해왔다. 그리고 해답을 찾기 위해 마음이 하고 싶어 하는 일들을 조금씩 꾸준히 시작했다. 업무 시간 외의 자투리 시간에 자기계발을 하기 위해서는 시간관리가 필수였다. 현실과 철저히 격리된 독립적 시간을 만들기 위해 내 일과를 분석했다. 하루 한 시간, 나만의 시간을 확보하기 위해 두 가지 원칙을 세웠다.

우선 매주 월요일 아침은 일주일의 스케줄을 살피는 일로 시작했다. 회사에서 중요한 일정이 무엇인지, 업무 과다로 야근이 예정되어 있는지, 약속은 없는지 체크한다. 매일 한 시간 확보가 가능한 자유 시간대를 찾아 그 시간을 블록(Block)해두었다. 일도 중요하지만 무엇보다 중요한 우선순위는 나의 'First Thing'을 지키는 일, 자기계발을 위한 혼자만의 시간을 갖는 것이었다. 이 시간만큼은 무조건 확보하기 위해 나머지 일도 제시간에 마치려는 의지가 생겼다. 하루를 효율적이고 계획적으로 관리하게 되었다. 의욕이 넘치자 집중력도 함께 높아졌다.

자기계발이라는 목표를 세우고 매주 월요일 혼자만의 한 시간 계획 짜기의 전략을 만들고 나면 세부적인 전술이 필요하다. '무엇(What)'을 알았으니, 이젠 '어떻게(How)'를 만들 차례다.

나의 '어떻게' 전술은 자투리 시간을 활용하는 것이었다. 누구에게나 자투리 시간은 주어진다. 조각조각 흩어져 있는 자투리 시간을 의식적으로 유용하게 활용하는 일이 필요하다. 『한 번은 독해져라』의 저자 김진애 박사는 자투리 시간을 확보하기 위해 차에 있는 시간을 즐긴다고 말한다. 특히 대중교통을 사용하면 손이 자유로워진다는 장점을 꼽았다. 안정된 교통수단 속에서 메모를 하거나 업무에 대한 구상을 자유롭게 할 수 있기 때문이다.

나 역시 지하철로 출근했기에 대중교통에서 보내는 시간이 하루 평균 한 시간은 되었다. 주 5일 출근, 한 달 20일 출근이라고 할 때, 20시간을 확보할 수 있다. 굉장한 시간이다. 그러나 지하철, 버스 안에서 이동 중인 사람들의 실제 모습은 이상과는 멀다. 대부분 스마트폰으로 무의미한 인터넷 가십 기사를 뒤적이거나 게임을 한다. 한 달에 20시간, 일 년에 총 240시간을 허공에 날려버리는 셈이다.

대중교통 속 출퇴근 시간을 활용하는 일은 꽤나 쏠쏠했다. 일주일에 책 한 권은 읽을 수 있었다. 서른 살을 맞이한 그때부터 출퇴근 시간에 독서를 하겠다고 마음먹었다. 그리고 출퇴근 시간을 이용해 일주일에 한 권, 바쁠 때는 2주에 한 권씩은 반드시 읽었다. 작년 한 해를 돌아보니 골드만삭스로 출근한 지난 7개월 동안 읽은 책 권수가 30권 정도였다. 출근하면서 책 한 권도 읽지 않았던 전년도와 비교했을 때, 무려 30권이 내 머릿속에 입력되었다.

독서는 책을 읽었다는 그 자체 이상의 가치를 선사한다. 책을 통해 목표 설정, 자유, 미래에 대한 강한 동기부여라는 보이지 않는 가치를 얻을 수 있었다.

자투리 시간으로는 점심 시간과 퇴근 후 시간도 있다. 사실 직장인으로서 점심, 저녁은 대부분 대인관계를 위해 약속을 잡는 일이 다반사다. 하지만 그 약속 횟수를 내가 정하는 주체적 행동이 필요하다. 사람 만나는 것도 적당히, 나만을 위해 시간을 비워두고 온전히 자기계발을 위해 쓸 줄도 알아야 한다.

나만을 위한 한 시간 확보에 가장 좋은 시간대는 바로 점심 시간과 약속이 없는 저녁 시간이었다. 운동 부족으로 만성피로에 시달리는 직장인으로서 이 시간들을 활용해 좋아하는 운동으로 스트레스를 풀었다. 그 운동은 바로 요가였다. 차분한 호흡법과 스트레칭, 올바른 근육 사용으로 3년간 건강하게 회사생활을 했다. 그리고 자투리 시간 취미로 했던 요가에 대한 몰입도가 높아지면서 결국 요가 강사 자격증까지 취득하는 결과를 얻었다. 비록 160센티도 되지 않는 단신에 운동신경도 타고나지 않았지만 꾸준함 앞에 불가능이란 없었다. 이젠 누구에게 배우는 수준을 넘어 누군가에게 요가를 가르칠 수 있는 수준

급의 실력과 지식을 갖게 된 것이다.

앞서 소개했던 스티븐 코비 박사는 시간관리에 대해 시계(Clock)와 나침반(Compass)의 비교로 설명했다. 시계의 바늘은 단순한 물리적 속도를, 나침반의 바늘은 가고자 하는 방향을 의미한다. 얼마나 신속하게 가는지보다 과연 지금 어디를 향해 가는지에 무게를 두고 시간을 관리하면 된다.

시간을 지배하여 인생의 승리자가 되자. 시간이 흘러가는 것을 그냥 방치하지 말아야 한다. 좀 더 크게 생각하여 멀리 보고, 세밀하게 행동하는 습관을 들이자. 삶이 요구하는 강제적인 시간과의 싸움은 그만두는 것이 좋다. 더욱 주체적인 마음가짐으로 스스로에게 중요한 가치를 행하는 것이 제대로 된 시간관리법이다.

이제 스마트하고, 즐거운 인생을 위해 나의 정체성을 찾는 하루 한 시간은 필수다.

05

목표 달성을 위한
평균 수면 다섯 시간

첫 책이 나왔을 때, 주변 사람들은 전혀 예상치 못했다는 반응을 보였다.

"아니, 언제 책을 쓴 거야?"

내가 책을 냈다는 사실이 수수께끼 같다는 질문에 나는 웃으며 대답하곤 했다.

"다른 사람들 잘 때요."

그토록 바쁜 회사생활 속에서 틈틈이 완성되어갔던 원고, 그것은 바로 수많은 새벽 시간을 통해 만들어졌다. 새벽 시간 활용은 업무에 영향을 끼치지 않으면서 개인적인 꿈을 이룰 수 있었던 가장 큰 비결이다.

이른 아침 시간은 다른 시간대보다 효율성을 몇 배로 끌어올릴 수 있다. 다른 사람들이 아직 자고 있을 때 나는 남다르게 무언가 노력했다는 보람을 느낄 수 있는 꿀맛 같은 시간이다. 게다가 주변에 방해물도 없다. 고요한 새벽 시간 온전히 나에게만 집중할 수 있다. 야근이다 저녁 약속이다, 피곤한 일투성이인데 어떻게 새벽에 일어나느냐고 묻는다면 다음과 같이 답해주고 싶다.

"절실하게 이루고 싶은 꿈이 있으면 눈은 저절로 떠지게 되어 있답니다."

치열하게 살았던 직장생활 4년 동안, 새벽 한 시간은 투자 대비 최고 수익률을 가져다주었다. 아침 5시 30분 알람 소리에 맞춰 눈이 떠진다. 이때 '십 분만 더……'라고 붙잡는 마음속 악마와 잠시 싸운다. 행복한 상상으로 전환하며 악마의 유혹을 물리친다. 원하는 미래를 그리며 잠을 물리치고 침대에서 빠져나온다.

'서른 살 안에 나는 작가가 될 거야!'

새벽 한 시간은 자기계발의 원동력이 되어주었다. 고(故) 구본형 소장은 새벽 활동의 즐거움에 대해 다음과 같이 언급했다.

"새벽 두 시간을 떼어내어 가장 좋아하는 일을 하라. 하루를 좋아하는 일로 시작하는 것 자체가 축복이며, 이로 인하여 하루 전체가 여유로워진다."

수많은 대한민국 대학생과 직장인이 일어나느라, 아침 챙겨먹느라, 학교나 일터 가느라 허우적거리는 치열한 아침 시간. 새벽형 인간들은 여유롭게 하루를 시작한다. 바쁜 사람들에게 두 시간까지는 아니어도 좋다. '새벽 한 시간' 법칙만으로 충분히 삶이 풍요로워질 수 있다. 이 신성한 시간을 떼어놓고 하루 일과의 우선순위로 둔다.

매일 새벽 5시 30분, 침대에서 일어나자마자 곧장 샤워를 한다. 잠에서 빨리 깨기 위해서다. 차가운 물이 피부를 깨운다. 그리고 자리에 앉기 전, 커피 한 잔을 내린다. 이번엔 은은하게 퍼지는 커피 향이 코끝 후각을 따스하게 깨운다. 오감을 서서히 깨우자 머리도 맑아진다. 이제 나만을 위한 아침 6시를 맞이한다. 7시까지 60분의 아침 시간은 어떠한 방해도 받지 않는다. 어제 다 읽지 못한 책을 마저 독파하기도 한다. 아니면 떠오르는 영감을 붙잡아 키보드를 두들긴다. 책을 읽거나 쓰거나를 반복한다. 매일 한 시간이 쌓여 일주일 다섯 시간, 한 달로 치면 거의 하루의 시간을 나를 위해서 '투자'한 셈이다. 그렇게 봄, 여름 내내 새벽 시간을 활용하고 나니 첫 집필 원고가 탄생하였다. 작은 실천이 쌓여 평범한 서른 살 직장인의 삶을 변화시킨 것이다.

평균 수면 시간, 다섯 시간. 피곤할 수도 있다. 하지만 수면 부족의 피로는 꿈이 해결해준다. 행복한 상상에 취해 하루를 먼저 시작하는 일은 남들보다 꿈을 향해 한 발짝 앞서 나갈 수 있게 한다. 하루 한 시간만큼은 주어진 환경이라는 한계에 도전해보자. 시간이라는 자원은 누구에게나 공평하다는 말을 뒤집어라. 새벽 시간을 활용해본다면 알 것이다. 시간은 냉정하고도 불공평하다는 사실을……. 내가 어떻게 활용하느냐에 따라 하루가 주어진 대로 24시간이 될 수도 있고, 그 이상이 될 수도 있다. 시간의 주인이 될 것인가, 노예가 될 것인가는 스스로의 노력에 달려 있다.

하버드의 도서관은 새벽 4시 30분부터 불이 환하게 켜진다. 하버드 학생들의 성공 비결로 그들의 타고난 명석함만을 꼽지 않는다. 더 빠르고 위대한 성과를 위해 다른 사람들이 쉬고 자는 시간에 공부하고 일한다고 한다. 아무리 재능이 뛰어날지라도 '성실'이라는 요소가 빠졌다면 도태될 수밖에 없다. 요령과 운이 아닌 끊임없는 노력으로 실력을 단단하게 쌓아가야 성공할 수 있다. 우리의 새벽 5시 30분을 밝혀야 할 때다.

자신을 위한 투자, 새벽 한 시간을 사수하기 위해 나는 밤생활을 멀리했다. 밤늦게까지 즐기다 보면 일찍 일어나는 것은 당연히 무리일 수밖에 없다. 인맥관리다 뭐다 해서 저녁 약속 자리를 합리화하는 마음가짐부터 버려야 한다. 생활리듬을 새벽 시간에 활성화하려면 적어도 자정 전에는 잠들어야 한다. 일주일 단위로 7일 중에서 저녁 약속 횟수를 미리 정해둔다. 술자리도 멀리했다. 무절제한 즐거움 대신 미래에 대한 행복에 초점을 맞추면 유혹도 뿌리칠 수 있다.

퇴근하고 지친 나를 진정한 좀비로 만드는 위험 대상, 텔레비전과 인터넷! 집에 돌아와 소파에 퍼져 무의식적으로 텔레비전 리모컨을 쥐었던 습관도 없앴다. 밤 10시 드라마, 11시 예능 프로그램을 아주 가끔 본다면 세상 트렌드를 파악하고 기분 전환하는 데 도움이 된다. 그러나 가끔의 일탈이 아닌 '일상'이 되어버리면 그건 곤란하다. 퇴근 후 두 시간을 텔레비전 앞에서 목적 없이 흘려보내고 있는 순간, '시간'이라는 제한된 자산을 잃는 것이다. '꿈'을 위해서라면 세상으로부터 '사오정'이 될 줄도 알아야 한다.

'책을 쓰겠다'는 일념으로 그동안 밤에 즐겼던 라이프스타일을 하나씩 정리해갔다. 이루고 싶은 목표가 있으니 잠시의 고통쯤은 가볍게 이겨낼 수 있다. 새벽녘의 자기계발 과정은 고단할 수도, 가끔은 그만두고 싶을 때도 있을 것이다. 하지만 지난 6개월 동안 작가의 꿈을 향한 나 자신과의 싸움은 결국 '원고 집필 완성'이라는 승리를 이끌어냈다. 한 계단씩 꾸준히 오르는 여정을 거쳐서 목적지에 도달했을 때의 성취감이란, 맛본 사람만이 안다. 그 이후 시간을 '투자' 관점으로 전환하는 것이 목표를 실행에 옮기는 큰 힘이 된다는 사실을 깨달았다.

'10분만 더 자자'가 아닌 '10분 더 일찍 잠들자'로 생활리듬을 바꾸고, '술자리를 약속하자'에서 '꿈이 있는 미래를 약속하자'로 마음가짐을 바꿔야 한다. 새벽형 라이프스타일은 타고난 천성이 아니다. 의지가 뒷받침되는 노력에 의해 만들어진다. 시작은 사회적 평균치보다, 내 옆자리 동료보다 못할 수 있다. 그러나 세상에 공짜란 없다. 주어진 조건이라는 판은 언제든지 뒤집어지게 마련이다. 목표를 향해 새벽잠을 줄이는 열렬한 노력으로 평생 나만의 '필살기'를 만들어야 한다. '새벽 한 시간'을 위해 다음의 명언을 되새겨보자.

'남이 한 번에 능하거든 자신은 백 번을 하고, 남이 열 번에 능하거든 자신은 천 번을 할 일이다.'

06

긍정과 낙관의 차이를
제대로 파악하라

새해가 되면 전 세계는 무한 긍정 모드다. "복 많이 받아", "대박 나세요", "잘 풀릴 거야" 하는 덕담들이 오간다. '토정비결', '올해의 운세' 장사도 성수기다. 새해에는 뭐든지 잘 풀리기를 바라는 기대감 때문일 거다. 새해 소망과 다짐 목록을 정리해보기도 한다. 서점을 기웃거리며 습관을 바꾸고 동기부여를 북돋우는 자기계발서도 한 권 집어든다.

매년 1월, 많은 사람이 시도하는 취미이자 목표는 독서와 운동일 것이다. 그러나 새해 다짐한 것들의 약발은 그다지 오래가지 않는다. 교양 좀 쌓아보겠다며 샀던 책은 앞쪽 몇 장만 손때를 남긴 채 방구석에 처박힌다. 새로 산 운동복은 고급 모피처럼 고이 모셔둔다. 운동복이 잊힐 때쯤 그 존재감을 상기시켜주는 것은 카드 명세서다. '올해는 뭔가 특별하게', '잘될 거야'라는 다짐의 유효 기간은 '올해도 역시나 평범하게' 흐지부지 막을 내린다.

'당신의 팔자를 알아야 부자가 될 수 있다.'

불쾌한 광고 문구를 발견했다. 불확실성 속에서 다변화하는 이 시대에 아직도 '팔자'에 의존해야 한다고? 순간 빌린 날개로 하늘을 날 수 없다는 표현이 떠올랐다. 근거 없는 운 타령을 하다간 진짜 내 인생의 운을 놓칠 수도 있다.

대학 시절, 외국어에 나름대로 소질이 있다고 생각한 나는 그래서 영어 공부를 소홀히 했다. 프랑스 어학연수 이후 불어 실력이 남들에 비해 좋았기 때문에 영어 점수 역시 괜찮아질 거라고 생각했다. 혼자만의 착각 속에서 대학교 3, 4학년을 보냈다.

'뭐 언어 배우는 건 자신 있으니, 영어도 때 되면 하겠지.'

'이 정도로 괜찮은 지원자가 얼마나 되겠어?'

'영어 아니어도 불어 가능자를 원하는 회사에 입사하면 되니까.'

나 자신에 대한 위기의식은 제로였다. 결국 취업을 앞두기까지 '무토익' 상태였고, 국내 회사에 지원할 때마다 '영어 점수'는 취약점이었다. 최종적으로 토익이 아닌 영어 말하기 시험 점수를 급히 준비해서 외국계 증권사에 입사할 수 있었다. 뒤집어 생각해보면, 나 자신에 대한 근거 없는 낙관 때문에 토익 점수뿐만 아니라 영어 실력 자체를 높일 기회를 흘려보내고 말았던 거다.

증권 회사에서 막내 어시스턴트로 지내는 동안에도 마찬가지였다. '주어진 대로 열심히만 하면 남부럽지 않게 일하며 살 수 있겠지'라는 생각으로 1년을 보냈다. 결국 불경기로 인한 '해고 통보'라는 예상치 못한 상황을 아무런 준비 없이 맞이해야만 했다. 현실에 대해 진지한 성찰도 없이 무조건 잘될 것이라는 과거의 안일했던 나는 낙관주의자였다. 이때 '낙관'은 '긍정'과는 분명한 차이가 있음을 알아야 한다.

'할 수 있다'와 '잘될 거야'의 의미를 살펴보자. 그 속에 '낙관'과 '긍정'의 차이점이 숨어 있다. 둘 다 좋은 결과에 대한 믿음이 바탕이 된 것은 사실이다. 그러나 낙관(樂觀)의 사전적 정의는 '앞으로의 일 따위가 잘되어갈 것으로 여김'이다. '잘될 거야'라는 좋을지 나쁠지 모르는 미래에 대해 무작정 좋을 거라고 추측만 하는 태도는 공짜 심리와 다를 바 없다. 생각만 긍정적으로 할 뿐 아무런 액션도 취하지 않은 채 좋은 결과가 알아서 오기를 기다리는 것이다. 그러나 긍정은 나쁜 상황 안에서도 좋은 태도를 취하고, 더 나은 미래를 위해 오늘 최선을 다하는 데 그 핵심이 있다.

경제학자 짐 콜린스의 저서 『좋은 기업을 넘어 위대한 기업으로』에 등장하는 용어로, 대책 없는 낙관주의를 뜻하는 '스톡데일 패러독스 (Stockdale Paradox)'가 있다. 베트남 전쟁에서 포로로 잡혀 8년간 수용소에서 복역한 제임스 스톡데일 장군 이야기에서 비롯되었다. 수용소 생활을 이겨내지 못했던 사람들에 대해 콜린스가 묻자 스톡데일 장군은 이렇게 대답했다고 한다.

"사람들은 불필요하게 상황을 낙관했습니다. 그런 사람들은 크리스마스 전에는 나갈 수 있을 거라고 믿다가 크리스마스가 지나면 부활절이 되기 전에는 석방될 거라고 믿음을 이어갔습니다. 그리고 부활절이 지나면 추수감사절 이전엔 나가게 되리라고 또 믿었지요. 그렇게 다시 크리스마스를 맞고 반복되는 상실감에 결국 죽게 되었습니다."

역경에 처했을 때 외면하고 낙관만 하다가 더 크게 좌절하며 다시 일어서지 못한 수용소 사람들의 이야기는 결코 과거 누군가의 이야기가 아니다. 어려운 현실을 받아들이는 동시에 포기하지 않고 최선을 다하는 자세를 역설하고 있는 것이다.

요즘 세상이 얼마나 팍팍한지 우리는 잘 알고 있다. 내가 왜 공부를 해야 하는지, 학문의 목적도 모른 채 수능을 보고 대학에 진학한다. 내가 원하는 공부가 아닌 안정적인 미래가 원하는 공부를 하고 학점을 따기 위해 아등바등한다. 하나의 경쟁 구도를 넘어서면 또 다른 경쟁 구도가 나를 기다리고 있다. 세상이 그려놓은 프로세스에 맞춰 열심히 따라간다. 점점 인생의 '주체력'을 상실한다.

날 둘러싸고 있는 현실에 대한 냉정한 판단은 하지만, 위협적인 요소들이 나에게 닥칠 거라는 가능성은 낮게 보는 경향이 있다. 경제 위기에서 조직 감원과 취업 시장의 문이 좁아지고 있다는 소식을 접하지만, 딱히 뾰족한 수는 없다. 지금까지 해온 대로 열심히 하면 잘될 거라는 단순한 생각이 우선이다.

현실을 직시하는 자세가 바탕이 되어야 희망은 순수한 힘을 발휘한다. 우리에게 낙관이 아닌 긍정이 요구되는 이유다. 스톡데일 패러독스가 말하는 낙관주의의 위험을 인지하자.

내 주변엔 괜찮은 친구들이 많다. 좋은 학벌, 화목하게 사랑받고 자란 가정에서 좋은 가정교육을 받고 남들이 부러워할 만한 직장에서 순탄하게 일하고 있는 사람들……. 어느 날 나는 지인의 문자를 받았다.

'회사 나가서 어때? 바깥세상은 좋아?'

'내 인생에 책임감이 생겼다고나 할까? 아직 당장의 수입은 줄어들고 과거의 풍요로운 생활은 못하고 있지만, 재밌어.'

'좋아 보인다. 난 그동안 변한 게 없네. 그렇다고 회사 나가서 하고 싶은 걸 하기도 무섭고.'

'뭐라도 하는 건 어때? 회사 다니면서 적성에 맞는 취미든 특기든 말이야.'

'에고, 고민하기도 귀찮다. 성공할 수 있을지도 모르잖아.'

생각은 행동을 결정하고 나아가 삶의 방향을 결정한다. 나와 세상을 향한 건강한 시선, 대책 없는 낙관이 아닌 대처 가능한 긍정이 필요하다. 환경이 아닌 내면이 결과를 좌우한다. 자신에 대한 확신으로 아무것도 하지 않는 자세가 아닌, 그 믿음으로 매 순간 최선을 다하는 자세가 필요하다. 이는 풍요 속의 빈곤을 겪는 우리 세대가 주체적으로 살기 위해 요구되는 것이다.

긍정적으로 삶을 대하며, 단기의 성공이 아닌 지속적 성장에 초점을 맞춰야 한다. 성공이라는 결과 지향적인 사고가 두려움을 낳고, 현재의 행동을 소극적이고 제한적이게 만드는 것이다. '나는 늘 성장하는 중이야'라는 긍정의 마음가짐으로 삶을 대하자.

근거 없는 낙관은 게으름이다. 지금 학업이 고되고, 일이 힘들더라도 나 자신을 위해 청춘을 투자한다고 생각하며 모든 일에 최선을 다하자. 어려운 상황을 만나더라도 경험을 쌓고 나를 단단하게 해주는 좋은 기회라고 생각한다면 성장뿐만 아니라 진짜 성공도 할 수 있다.

지금처럼 열심히만 하면 보상이 올 거라는 게으른 자만심은 버리자. 역경 속에서 스스로를 지나치게 비관하는 태도 또한 버리자. 낙관과 부정을 버리고 삶의 에너지를 진정한 자기 확신을 위해 모으자. 낙관과 긍정의 차이는 인생을 이끄는 '주체적 힘'에 달려 있다.

07

변화가 아닌 혁신,
뼛속까지 바꿔라

대한민국에는 치킨집이 많아도 너무 많다. 가는 동네마다 자영업자들의 치킨 게임이 치열하다. 정년퇴직 이후 1인 창업의 꿈들은 모조리 치킨집 개업이 되어버렸고, 결국 이런 열풍은 희망을 좌절로 만들었다. 삶의 변화를 꿈꿨지만, 결과적으로 현실적 성공은 요원하고도 어렵다.

"정 안 되면 나가서 떡볶이 장사라도 하지, 뭐."

사람들은 음식 장사가 간단한 줄로 안다. 이게 문제다. 변화를 위한 변화는 무의미하다. 소위 대박이라는 음식점은 고유의 개성이 있다. 간판부터 메뉴, 실내 분위기까지 주인의 혼이 담겨 있다. 정체성 없이 단순히 남을 뒤따라가는 것은 내리막 인생으로 가는 지름길이다. 대박 음식점 같은 인생을 위해서는 나 자신부터 제대로 정의해야 한다.

뱃속까지 파악하고 기본부터 바꿔야 나만의 고유 영역을 구축할 수 있다. 삼성 이건희 회장의 '마누라 빼고 다 바꿔' 정도의 정신이어야 하지 않을까.

치열한 경쟁의 시대에서 우리는 '혁신'이라는 단어를 참 많이 쓰고 산다. 그러나 혁신의 의미를 제대로 이해하지 못한 듯싶다. 혁신을 변화 또는 개선 같은 보편적 의미로 여기기도 하고, '창조'라는 말과 구별 없이 사용하기도 한다. 혁신을 뜻하는 'Innovate'의 라틴 어원을 살펴보면 '대격변'의 'Innovare'와 '새롭다'의 'Novus'의 결합으로 이루어져, '완전한 변신'을 의미한다. 『스마트컷』의 저자 셰인 스노는 혁신을 다음과 같이 정의했다.

'혁신은 무에서 유를 창조하거나(발명) 같은 일을 더 잘하는 것(개선)이 아니라 무언가를 다른 방식으로 하는 것이다.'

나무 한 그루가 눈앞에 서 있다고 상상하자. 불과 50센티미터도 되지 않는 간격을 두고 나무를 바라본다면 나무인지 알 수 없다. 당장 시야 범위 내에 있는 나무 기둥만 보일 뿐이다. 이제 몇 걸음 물러서 본다. 그제야 숲 한가운데 자리 잡고 있는 나무의 존재를 깨닫는다. 내 눈앞의 나무도 숲 속의 수많은 나무 중 한 그루일 뿐이며, 지금 내가 있는 곳은 '나무 앞'이 아닌 '숲 속'이라는 사실을 말이다.

같은 맥락이다. 어떻게 바라보고 해석하느냐에 따라 삶이라는 프레임의 크기와 모양이 달라진다. 꿈꾸는 삶을 살기 위해 이 프레임을 나만의 방식으로 디자인해야 한다.

나와 내 주변 환경을 바라보는 시각을 남다르게 하는 것이 진정한 혁신의 시작이다. 하루에 몇 번쯤 틀에서 벗어난 자유로운 생각을 하는지 세어보자. 다섯 손가락에 꼽기 어려울 정도일지도 모른다. 그렇다고 빌 게이츠, 스티브 잡스 같은 소수 리더의 창의성이 모두에게 요구되는 건 아니다. 마이크로소프트, 애플을 경영하는 데에서 그들은 '정보의 양'이 아닌 '생각의 다각화'로 승부를 봤다. 이 점이 핵심이다.

대한민국 평균에 맞춰 살기도 바쁜 우리에게 지금 당장 가능한 혁신은 간단하면서도 근본적인 부분부터 바꾸는 것이다. 바로 자신이 누구인지 다시 정의하는 작업이 혁신의 근본이다. 나라고 믿고 있었던 사회적 틀에서 벗어나 자유롭고 솔직하게 내면을 들여다보는 일이다. 규격을 벗어난 관점에서 자신을 돌이켜보자. 나는 과연 어떤 사람인가?

내 경우, 첫 번째 저서를 집필하고 약력을 준비했던 시간이 그러했다. 누군가에게 나를 객관적으로 설명하는 일은 쉽지 않다. 취업 준비용 자기소개서보다 고민스러운 것이 사실이다. 제한된 분량의 글로 표현하려 애쓰는 동안 좀 더 명확히 나를 정의할 수 있었다. 거대한 회사 울타리 안에 소속되어 있던 시절을 돌이켜보며 스스로 내세울 만한 거라곤 '○○대학교 출신', '○○ 증권사 직원'이라는 외적 정보가 전부였다는 사실! 하지만 30년 인생을 전반적으로 되돌아보자 꽤 자유분방하고 흥미로운 인물이라는 사실을 재발견했다. 고정관념에 매어 있던 과거를 포함한 수많은 경험은 단편적 스펙이 아닌 인생의 다채로운 스펙트럼을 이룬 것이다.

- 프랑스를 제2의 고향이라고 말하고 다닐 정도로 이국생활이 삶에 큰 영향을 끼쳤다.

- 이해타산적인 금융 환경 속에서 일방적인 해고 통보, 타인의 비수 같은 말과 행동들로 공허함을 느낄 때마다 낯선 여행지를 찾아가 '자유'와 '행복'을 충족했다.
- 수많은 도전을 통해 '인생의 진정한 가치'와 '꿈'을 찾았다.
- 20대 내내 도전과 안정 사이에서 갈등하다 자신만의 소명을 선택했다. 서른 살이 되던 해, 청춘들에게 꿈과 도전의 메시지를 전달하고자 골드만삭스에 과감히 사직서를 던지고 나왔다.

스펙이 아닌 나만의 인생 스펙트럼을 정리하기! 지금 한번 해보자. 짧은 몇 문장이라도 좋다. 나의 가치를 내면에서 찾는다면, 미래를 기약할 시야도 넓어질 것이다.

'그래 맞아. 살면서 가슴 뛰게 했던 요소는 바로 이거였어.'

스스로를 조역이 아닌 주역으로 이끄는 힘은 생각에서 비롯된다. 눈앞의 외부적 요소만 본다면, 결국 끌려다니는 삶을 살게 될지도 모른다. 보이지 않는 가치를 볼 줄 아는 마음의 눈으로 나만의 생각을 키우자. 스스로 방법을 모색하고, 남이 가지 않은 기회에서 내 역량을 활용해 기회를 찾는 자기 생각이 바로 혁신의 기초다. 기성을 탈피하고 내면의 목소리에 귀 기울여본다면 진정한 기회를 발견할 수 있다.

뼛속까지 바꿔 성공한 이탈리아 와이너리(Winery)가 있다. 한국에서도 꽤 알려진 '가야(Gaja)'다. 산미가 균형 있게 느껴지는 적당한 과실향, 너무 무겁지도 않고 편안하게 즐길 수 있는 부드러운 질감이 어우러진 가야 와인은 한마디로 가격 대비 질 좋은 '물건'이다. 지금은 고급스러운 이미지를 갖고 있는 이탈리아 와인이지만 불과 30년 전만 해도 '싸구려'라는 이미지가 강했다. 저평가되어 있던 이탈리아 와인의 품질과 인지도를 혁신한 인물이 바로 안젤로 가야다.

그는 이탈리아 와인의 현주소와 자신의 가업인 와이너리의 문제를 정확히 파악했다. 정체를 벗어나기 위해 고향인 피에몬테주 바르바레스코에서 800년 전통의 품종이 아닌 프랑스 카베르네 쇼비뇽 품종을 심기로 했다. 가업의 뜻에 어긋나는 행동이라는 반대를 무릅쓰고 품종 개혁뿐만 아니라 제조 과정 또한 혁신했다. 포도의 당도를 높이기 위해 포도송이를 대폭 솎아내고, 프렌치 오크통에 와인을 숙성하는 과감함을 보였다. 가야 와인은 이탈리아 전역 와이너리에 지대한 영향을 미친 혁신적 아이콘으로 자리 잡았다. 덩달아 이제 이탈리아 와인은 고급으로 자리 잡게 되었다. 안젤로는 최고가 되기 위해 혁신을 강조한다.

"최고의 와인이라는 변함없는 목표를 위해 시대의 변화에 대응해야 합니다. 전통과 혁신을 조화시켜야 하죠."

만일 안젤로 가야가 이탈리아 와인과 가업을 제대로 정의하지 않았더라면 오늘날 이탈리아 와인을 식탁에서 음미할 수 있었을까? 무언가 다른 방식으로 하기 위해 전통이라는 관념을 깬 가야는 우리에게 와인 맛에 숨어 있는 열정을 발견하게 한다.

'자기 생각'이 뚜렷해야 틀을 깰 특별한 무엇을 만들어낼 수 있다. 가치 상실한 노력을 위한 노력은 현실의 한계에서 벗어나지 못한다. 나를 둘러싸고 있는 통념들을 허물 벗듯 하나씩 벗겨내자. 현재 공부나 일이 적성에 맞지 않는다면, 열정을 쏟을 나만의 흥미와 재능은 무엇인지 잘 살펴보자. 당장 한 달 뒤의 시험 성적이나 월급 같은 나무 한 그루가 아닌 삶의 행복과 꿈이라는 싱싱한 숲을 볼 줄 알아야 한다. 무엇이 내가 아닌지를 아는 순간, 저절로 내가 누군지 깨닫게 된다. 껍데기에서 깊은 내면으로 들어가 진정한 삶과 만나자. 생각의 힘을 기르는 출발, 바로 자기 혁명이다.

지금, 다음 문장의 빈칸을 채우며 스스로를 표현해보자.

08

결심하는 순간,
이미 나는 누군가의 꿈이 되었다

멀쩡히 다니던 회사를 그만둔 후, 꿈에 도전하겠다고 선포한 지 불과 몇 개월만의 일이다.

"혹시 조예은 씨인가요? 골드만삭스 어시스턴트를 그만두고 나온?"

"네, 맞아요. 실례지만 어떻게?"

"아, 저도 다른 증권사에 몸담고 있어서 업계에서 얘기 많이 들었어요. 좋은 직장을 나와서 글 쓴다는 얘기요. 그래서 찾아봤어요. 어떤 분인가 해서…… 정말 반가워요."

"그렇게 소문이 퍼졌나요? 막내였을 뿐인데…… 놀랍네요."

"용기가 대단해요. 들어가고 싶어 난리인 직장을 그만둔다는 게 쉬운 결정은 아닌데……. 책, 기대하고 있겠습니다."

"감사해요. 저에게도 큰 힘이 됩니다."

"저도 언젠가는 조예은 작가님처럼 꿈에 도전할 수 있으면 좋겠어요."

강좌가 끝난 장소에서 우연히 한 여성을 만났다. '해보고 싶은 무언가'를 가슴속에 꽁꽁 싸맨 채 감추고 사는 느낌을 받았다. 진심을 드러내지 못한 사람에게서 느껴지는 억압감! 불과 6개월 전 내 모습과 다를 바 없었다. 자유를 동경하는 그녀의 한마디가 가슴을 뜨겁게 만들었다.

"조예은 작가님처럼!"

이 말이 끊임없이 머릿속에 맴돌았다.

'나처럼 되고 싶다는 말, 내가 사람들에게 보이지 않는 가치를 제공하고 있다는 뜻인가?'

순간 깨달았다. 다른 사람들보다 좀 더 의도적인 삶을 선택했고, 그 자체만으로 누군가에게 굉장한 용기로 보여졌다는 사실을 말이다. 더 나은 내가 되고자 노력해온 나 자신이 대견한 순간이었다. 가슴이 두근거렸다. 계속 성장해가는 현재 모습에 더욱 감사할 수 있게 된 계기이기도 했다.

나는 늘 사람들에게 힘주어 이야기한다.

"나답게 사세요."

'이게 바로 나야'라고 자신 있게 말할 수 있는 용기가 우리에게 필요하다. 대중의 흐름에 따라가는 삶이 아닌 자신만의 흐름을 창조하는 삶, 이것이 바로 잘 먹고 잘 사는 인생인 줄 깨닫지 못한다. 혹여 알면서도 실천에 옮길 배짱이 부족하다.

지금은 최고의 위치에서 수많은 사람에게 신뢰를 받는 스타벅스에게도 암흑기가 있었다. 2008년 최악의 실적으로 경영난을 겪고 있던 스타벅스에 CEO로 다시 복귀한 하워드 슐츠로서는 획기적인 경영전략이 절박했다. 그에게 영감을 준 대상은 바로 영국 록 그룹 비틀스였다. 특히 그에게 과감한 결단을 진행하기 위한 용기를 준 것은 비틀스의 노래 'Come Together'의 가사였다.

'지금 내가 그대에게 말해주고 싶은 건, 한껏 자유로워지라는 거야 (One thing I can tell you is you got to be free).'

이 가사처럼 하워드 슐츠는 사람들의 부정적인 시선과 우려로부터 자유로워졌다. 그는 당시 정체된 스타벅스의 모습을 타파하고 다시 핵심인 '커피'에 집중하는 데 힘썼다. 스타벅스의 '나다움'을 찾기 위해 '커피 한 잔에 영혼을 담는 공간'이라는 기본적 가치에 따라 운영을 바꿨다. 하워드 슐츠는 그의 저서 『온워드』에서 스타벅스와 비틀스의 공통점을 다음과 같이 설명한다.

· 리스크를 감수하며, 타협하지 않는다.
· 사람들의 삶에 영향을 미치는 아이콘 역할을 한다.
· 머리가 아닌 가슴으로 이끈다.

비틀스 정신을 바탕으로 스타벅스는 다시 '최상의 커피 경험'이라는 브랜드 이미지를 재구축하는 데 성공했다. 기업의 존속을 뛰어넘어 성공을 만든 정답은 '나다운' 콘셉트를 정립하고 강화시키는 데 있었다. 진정한 경쟁 상대는 다른 누군가가 아닌 바로 나 자신이다.

스타벅스와 비틀스의 공통점에서 우리는 '잘 먹고 잘 사는 법'을 벤치마킹할 수 있다. 대부분의 사람은 자기다움을 현실과 타협한다. 그리고 타협한 만큼 행복과 성공의 비결을 외부 요소에서 찾고자 한다. 그러나 보이지 않지만 답은 우리 안에 있다. 결과로부터 거슬러 올라가 본질을 보자. 성공과 행복이 정말 '잘난' 환경에서 나오는지 잘 들여다보자.

· 성공 → 성과 → 행동의 반복 → 확신에 따른 행동 개시 → 아이디어, 영감 개발 → 끊임없는 연구 → 비전을 향한 목표 의식 성립 → 반복적 사고 → 바라는 것의 간절함

· 행복 → 긍정적 결과 → 행동 → 행동을 이끄는 의도 → 사고 → 긍정적 느낌의 반복 → 긍정적인 마음가짐

결국 성공과 행복의 본질적 비결은 내면에서 비롯된다. 성공과 행복이 '필요'하다고 생각했기 때문에 그렇지 못한 까닭을 외부로 돌리는 것이다. 성공과 행복을 '창조'한다는 관점으로 바꾸면 상황은 한결 단순해진다. 모든 상황의 우선순위를 '나의 정체성'으로 설정해놓는다. 창조적 관점으로의 변화는 자생력을 키워준다. '하늘은 스스로 돕는 자를 돕는다'라는 옛말의 숨은 원리와 같다. 긍정적 결과의 핵심은 스스로에게 솔직히 사고하고 행동하는 데 있다.

강연회를 마치고 난 뒤, 사인을 요청했던 어느 청자로부터 이런 질문을 받은 적이 있다.

"그렇게 새로운 것들에 거침없이 도전하면서 무섭진 않았나요?"

"막상 현실은 생각보다 무섭지 않아요. 두려워하는 대상보다 두려움이라는 감정이 문제인 거예요. 나를 믿고 행동하세요. 두려워하는 마음을 넘어서면 경험이 주는 깨달음을 분명 얻을 거예요."

잊지 말아야 한다. '나'는 생각보다 괜찮은 사람이다. 빛나는 다이아몬드가 될 원석이 아직 가공되지 않은 채 잠재되어 있을 뿐이다. 누구에게나 가치가 있다. 행동의 제약을 두는 것은 주변 환경이 아닌 바로 '나'다. 원하는 대상이나 목표를 위해 지금 당장 의미 있는 선택을 하는 것부터 시작하면 된다.

내가 될 권리를 찾고 나서 한 걸음씩 나아가자. 주어진 상황에서 '나만의 특별한' 현실을 볼 수 있는 '마음의 눈'이 생길 것이다. 작지만 용기 있는 행동의 반복으로 결국 목표에 좀 더 가까워질 것이다.

프랑스의 대표적 지성 프레데릭 르누아르는 저서 『행복을 철학하다』에서 좋은 삶에 대해 이렇게 서술한다.

'행복해지기 위해서는 자신보다 더 잘나가는 사람과 비교하지 않는 것이 중요하다. 그대보다 행복한 자 때문에 괴로워하는 한 그대는 행복해질 수 없다.'

나만의 사고, 나만의 취향, 나만의 생활방식, 나만의 꿈으로 의미 있는 현실을 창조해나가자. 마음의 눈으로 바라보고 나답게 행동하는 것보다 더 좋은 것은 없다. 인생이란 관객의 스포츠가 아니지 않은가? 진정한 내가 되어 특별한 하루하루를 만들어가면 된다. 변화를 위해 결심을 하는 순간, 이미 당신은 누군가에게 용기를 주는 긍정적 에너지가 된다.

09

내 인생의
시나리오 플래닝을 준비하라

"그래서, 결국 여자 주인공이 죽어?"

"결말을 알아버렸으니 보기 싫어지네."

우리는 영화를 보고 나서 주로 주인공의 최후를 이야기한다. 영화의 전개보다 또렷하게 각인되는 건 역시 '그래서 어떻게 되었는가'이다. 무엇보다도 해피엔딩으로 끝나길 기대한다. 장면 연출이 어땠는지, 주인공의 연기 실력은 어땠는지는 다 용서할 수 있다. 그저 주인공의 행복한 결말이 아니면 찝찝할 뿐이고, 결론으로 영화를 기억한다.

"훌륭한 영화를 만들기 위해서는 딱 세 가지가 필요하다. 그것은 좋은 시나리오, 좋은 시나리오, 좋은 시나리오다."

이는 거장 알프레드 히치콕 감독이 남긴 말이다. 그만큼 양질의 시나리오가 무엇보다 중요하다는 의미다. 주인공의 운명은 영화의 대장 역할을 하는 '시나리오'에 달려 있다. 시나리오에는 각각의 장면 속에 연출자의 생각과 세상을 바라보는 시각이 담겨 있다. 읽기만 해도 시각화가 가능한 구체적 문학 작품인 것이다. 추상적 상징이나 비유가 아닌, 좀 더 객관적이고 정확한 구체적 설계도 역할을 한다.

수많은 영화를 통해 관객의 입장에서도 알다시피, 하나의 시나리오는 무수한 장면과 스토리의 연결에서 탄생한다. 기승전결의 큰 틀인 시퀀스(Sequence)들의 흐름 속 부분을 이루고 있는 신(Scene) 어느 하나만 바뀌더라도 영화의 전체적 느낌은 달라질 수 있다. 〈타이타닉〉의 주인공 잭 도슨(레오나르도 디카프리오 분)의 직업이 가난뱅이 화가가 아닌 귀족이었더라면, 로즈(케이트 윈슬렛 분)가 부유한 약혼자를 버리고 그를 택했을까? 〈국제시장〉의 주인공 덕수(황정민 분)가 독일 탄광촌에 가지 않고 고향 부산에 머물렀더라면, 사랑하는 아내와 목돈이라는 두 마리 토끼를 단기간에 잡을 수 있었을까? 영화의 기본 단위인 신 하나의 선택으로 명작이 졸작으로 바뀔 수도 있는 것이다.

찰나의 순간인 신들이 모여 하나의 위대한 시나리오를 만들듯 삶도 마찬가지다. 과거의 수많은 상황 속 선택들에 의해 우리의 인생은 미래를 향해 끊임없이 창조 중이다. 지금도 선택의 기로에 놓여 어떤 의사결정을 진행하고 있다. 모든 것이 우연이라고 한다면? 우리의 삶은 지나치게 수동적일지도 모른다. 결과를 100퍼센트 예측할 순 없지만 만들 수 있는 존재, 바로 인간이다.

'시간이 없어서', '상상력이 부족해서', '하고 싶은 게 뭔지 몰라서'라고 발뺌하는 누군가에게도 시나리오 플래닝은 결코 낯설지만은 않다. 우리가 역사를 배워왔던 이유도 시나리오 플래닝과 연관이 있다.

과거는 미래를 바라보는 '지혜의 눈' 역할을 해왔다. 과거를 통해 현재와 미래의 더 나은 결정을 하기 위함이다. 일제 강점기를 통해 오늘날 대한민국의 정체성을 되짚어보기도 하고, 과거 위대했던 기업의 몰락을 통해 좀 더 현명한 기업 경영전략을 모색하기도 한다.

그러나 단지 불안정적인 미래를 예상하는 것만으로 시나리오 플래닝이라 하기엔 부족하다. 미래를 정확하게 맞추는 점쟁이 같은 예지 능력을 기르는 일 또한 결코 아니다. 급변하는 환경 속에서 다양한 상황을 예측하고, 유연하게 대처할 수 있는 힘을 기르는 능동적 행위가 21세기 인류에게 통하는 시나리오 플래닝이다.

내 부모님은 대한민국 사회의 이상적인 맞벌이 부부였다. 대기업에 착실히 근무하며 고정적 수입을 통해 안정적 생활을 수십 년간 해왔던 두 분은 누가 보기에도 '잘나가는' 부모였다. 그러나 착실한 직장인으로서의 결과는 그리 좋지 못했다. 아버지는 IMF 외환위기 시절 정리해고를 당했고, 어머니도 정년퇴직을 2년 앞두고 비자발적으로 회사를 나왔다. 조직에서 벗어나 슬럼프를 겪었던 두 분을 보며 자란 나 역시 앞서 수차례 밝혔듯 스물일곱 살에 일방적 해고 통보를 겪었다. 가족 구성원 4명 중 3명이 구조조정이라는 삶의 충격을 입은 것이다. 운명의 장난과 같았던 우리 가족의 상황은 나에게 귀중한 깨달음을 안겨주었다. 그 때문에 어느 청춘보다 주체적 인생에 대해 고민해온 것이 아닐까 싶다.

'늘 대책을 준비하며 살아야 해.'

더 이상 주어진 환경에 나를 맡길 순 없는 노릇이었다. 사회적 기준에 부합한 삶은 양호하지만, 온전한 내 것이 되지 못한다. 예기치 못한 상황이 닥치더라도 대책 시나리오인 플랜 B를 가지고 있는지 없는지에 따라 삶에 힘이 실린다. 바로 자생력이다. 지혜의 인생을 걸어갈 것인가, 무지의 인생을 걸어갈 것인가? 시나리오의 주인공으로서 인생 스토리를 해피엔딩으로 만들고 싶지 않은가? 5년 뒤, 10년 뒤, 30년 뒤의 내 모습을 떠올리며 나에겐 점차 시나리오를 그려보는 습관이 생겼다.

영화 시나리오에서 가장 작은 단위인 신과 복수의 신들이 모여 하나의 에피소드를 이루는 시퀀스 이론을 활용하여 인생의 시나리오를 계획해보자. 우리의 삶도 영화처럼 무수한 순간과 이벤트 들이 모여 큰 덩어리를 이룬다. '이런 인생을 살 거야'라고 단정 짓기에는 하루가 다르게 변화하고 또 변화한다. 시나리오 플래닝은 삶의 기준과 그 프레임을 나 스스로가 지정한다는 데 의미가 있다. 물고기가 물살을 타듯이 세상의 변화 속에서 삶의 흐름을 자연스럽고 당당하게 맞이할 수 있는 거다.

내 인생의 시나리오 주제는 바로 '자유로운 인생', '여행 같은 삶'이다. 이는 곧 인생의 지향점이기도 하다. 자유로운 인생을 매 순간 맛보고자 하는 목록들은 그 프레임 안에서 유기적으로 연결되어 있다. 구체적 시나리오 플래닝 이전, 아직 적합한 때와 장소를 설정하지 않고 뒤섞여 있어 막연하게 보일 뿐이다. 주도적인 삶을 위한 시나리오 플래닝의 단계는 다음과 같았다.

- **Step 1** : 현재 상황을 분석하고 나에게 미치고 있는 영향을 파악한다. 방법을 구상하기 전에 '나'와 '내 인생'이라는 본질부터

SWOT 분석 등을 통해 파악해보는 것이 중요하다.

My case : 골드만삭스 막내 어시스턴트로 살아갔던 서른 살의 나. 스트레스가 극심한 조직에서도 늘 자유를 갈망하고 좀 더 많은 사람과 소통하는 삶을 꿈꿔왔다.

● **Step 2** : 하고 싶은 목록들과 해야 하는 목록들은 시나리오의 시퀀스가 된다. 그 목록들은 시퀀스 덩어리로 나눈다. 시퀀스는 곧 여러 대안이 되기도 한다.

My case : 내 경험과 메시지를 담은 책 집필하기, 제주도에 멋진 집 짓기, 명상 마스터 자격증 따기, 프랑스로 요리 공부 떠나기, 사랑하는 사람과 함께 전 세계를 여행하기.

● **Step 3** : 하나의 위시 리스트 목록을 위해 실행해야 하는 세부전략 방법은 시나리오의 개별 장면인 신이라고 할 수 있다. 그 신들도 생각해보자.

My case : '프랑스로 요리 공부 떠나기'의 세부전략.

① 요리에 대한 관심을 놓지 않고 최신 정보 습득하기.

② 프랑스어 공부 계속하기.

③ 여행과 요리에 대한 나만의 철학을 담은 집필 작품 계획하기.

● **Step 4** : 시나리오 전체 틀에 영향을 줄 만한 미래의 돌발 상황을 예측해본다(예 : 결혼, 임신 및 출산, 퇴사 등). 예측되는 돌발 상황에서 그다음 취할 수 있는 시퀀스 혹은 신도 생각해본다.

My case : 결혼 후, 끊임없는 자기 발전을 위해 명상 수련을 하고 자격증을 취득한다. 첫 아이를 갖기 전까지 최소 두 권 더 집필한다.

- **Step 5 :** 5년, 10년, 20년 시간 단위별로 하고 싶은 시퀀스들을 나열한다. 시퀀스가 배치되면 세부적 하위 단계인 신들도 자연스레 순서가 정해진다. 시간 흐름에 따라 인생을 대비할 수 있는 큰 흐름을 만들어준다.

  My case : 단기적으로 경제적인 제약이 없으며 더 생산적인 시퀀스 목록을 둔다. 프리랜서 작가, 강연가로서 수입이 안정되면 좀 더 행동 범위가 넓은 목록을 실행한다.

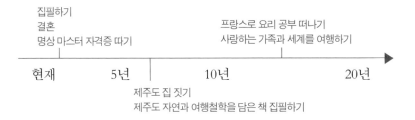

내 이야기를 사례로 인생 시나리오의 뼈대를 글로 적는 지금 이 순간, 다시 한 번 가슴이 뛰는 것을 느낀다. 자신이 곧 시나리오 전체의 중심이라는 것을 자각하는 순간 의미를 발견하게 된다. 시나리오의 시퀀스들과 신들을 세분화하고 전개하는 과정은 무수한 '지금 이 순간'의 선택들이 얼마나 중요한지, '지금 이 순간'과 미래가 얼마나 긴밀하게 연결되어 있는지 깨닫게 해준다. 만일 세상을 아무런 생각 없이 바라보기만 한다면 주변 환경이 나를 지배하게 될 것이다. 뭐든지 수동적으로 받아들이기만 하는 인간에게 세상은 냉혹하게 멋대로 굴테니까. 하지만 주도적으로 인생을 설계하는 시나리오 플래닝의 기회를 가져본다면 주인공 자리를 세상에 양보하는 일은 없을 것이다.

사춘기 이후 서른을 앞두고, 취업과 진로 때문에 방황하는 청춘 세대를 뜻하는 '취준기'라는 신조어 등장을 한 기사에서 읽었다. 일자리를 두고 무한 경쟁하는 사회 분위기 속, 취준기를 겪는 청춘들은 '내가 누구고, 무엇을 하고 싶은지'라는 본질적 문제의 답을 찾지 못한 채 오늘도 고민 중일 것이다. 취업이 어려울 때 대부분의 취준기 세대의 시나리오는 공무원 시험 준비, 대학원 진학 혹은 계약직이라고 한다. 보장받는 일자리가 점차 사라지는 시대의 흐름 속에서 눈 가리고 아웅하는 방식의 대중적 시나리오는 언젠가 또 다른 돌발 상황을 낳을 뿐이다. 다른 사람이 나를 선택할 때까지 기다리는 방법은 현명한 해결책이 될 수 없다. 내 선택으로 내 삶을 내가 만들어가기! 이러한 인생의 시나리오 플래닝이 필요할 때다.

수많은 자기계발서가 '긍정적 미래를 생생하게 상상하라'고 강조해 왔다. 틀린 말은 아니다. 그러나 이것은 수많은 일반인에게 아직도 모호하기만 한 메시지일 수 있다. 내가 아닌 다수의 누군가를 위한 메시지를 상실한 껍데기일 뿐이다. 반면 시나리오 플래닝은 각자 환경과 개성에 맞게 자신만의 해결책을 만들어갈 수 있도록 하는 맞춤형 솔루션이 될 것이다. 더 구체적으로, 더욱 다양한 상황에 대처 가능한 미래적 행위다.

지금도 우리는 미래를 선택하는 중임을 잊지 말자.

10

꿈의 데드라인에
몰입하라

한창 체력관리에 물이 올랐을 때 크로스핏(Crossfit)이라는 운동에 빠져 지낸 적이 있다. 정해진 시간 내에 부분 운동 자세를 반복하는 중간 이상 난이도의 운동이다.

"자, 삼 분 동안 달려봅시다! 렛츠 고!"

초시계의 움직임은 눈앞에서 긴박감을 주고 빠른 비트의 음악은 귀를 자극한다. 주어진 시간이 끝날 때까지 동작을 무한 반복한다. 쉽지만은 않다. 하지만 약간의 과격함과 스릴을 즐기며 나만의 기록을 꾸준히 향상시키는 재미는 확실하다. 평소 '초식사람'의 생활 습관 때문에 잠들어 있었던 '과격의 본능'이 깨어난다. 크로스핏을 시작한 지 3개월 뒤, 몸에는 탄탄한 근육이 자리 잡았을 뿐만 아니라, 기본 동작들의 자세와 기록도 눈에 띄게 좋아졌다. 운동 마니아들에게 크로스핏의 매력은 바로 '순간의 몰입'이다. 제한 시간이 없었다면 그토록 많은 횟수의 운동을 할 수 없었을 것이다. 반면 러닝머신이나 기구를 이용한 웨이트 운동엔 마감 시간이 없다. 작은 한계의 문턱 앞에서 그것을 넘어서려는 의지는 '피로감'이라는 명분의 게으름 때문에 다음 기회로 미뤄지기 일쑤다. 더 좋은 기록이라는 목표 달성을 위해 단순한 동작 반복에 집중하게 만드는 결정적 힘은 '제한 시간'이었다. 주어진 시간을 쪼갠 1분 1초의 단위들마저 소중히 여기도록 만들어준다. 바쁠수록 효율적으로 움직이는 것이 사람의 본능이니까.

학교에서 밤새우겠다고 작정하며 24시간 내내 도서관을 떠나지 않는 친구들이 꼭 있다. 밤새 도서관에 있을 거라고 결심하는 순간, 시간은 넉넉해진 듯하다. 도서관에서 만난 친구와 커피 한 잔을 하며 학점, 취업 준비 이야기로 빠지고 만다. 겨우 자리에 앉았더니 밥 먹자는 또 다른 친구의 문자가 집중의 흐름을 끊어버린다. 찝찝하긴 하지만 아직 시간이 있다며 스스로를 안심시키며 배를 채우러 나간다. 오후도 흐지부지, 달이 뜨고 나서야 위기감을 느낀다. 분명히 벼락치기 공부로 온종일을 할애했는데, 밤이 되어서야 공부를 시작하고 있다. 결국 시간이 많아진 것은 절대 아니었다. 자정을 향하는 시계를 보며 후회의 한숨을 내쉰다.

'하루 종일 뭐한 거지?'

넉넉한 시간만 믿고 미루다 큰 코 다친 경험은 누구나 있을 것이다.

회사에서도 걸핏하면 야근하면서 불평하는 사람들이 있다. 업무가 많은 탓도 있지만 가만히 따지고 보면 일상의 업무 태도가 느슨해 효율성이 낮아서다. '어차피 야근할 거니까'라는 마음가짐으로 기한 내에 할 일을 명확히 하지 않았기 때문인 경우가 많다. 지나친 야근은 회사에게는 부담을, 해당 직원에게는 스트레스를 준다. 모두 몰입해야 하는 순간을 지금이 아닌 나중으로 미루는 게으름이 원인이다. 실제로 시간을 늘리는 것이 아닌 늘어지게 만드는 것이다. 정해진 기한 없이 늘어진 시간은 쓸데없이 일들을 부풀린다. 이것이 사람들이 이유 없이 바쁘다고 느끼는 이유다.

반면 제한된 시간은 행동에 긴장감을 더해준다. 또한 적당한 긴장감은 우리 정신력을 단단하게 만들어주는 역할을 한다. 꿈을 목표로, 목표를 현실로 만들기 위해 노력하는 드림워커에게 '제한 시간'은 앞서 언급했던 인생 시나리오 플래닝을 행동으로 옮기기 위한 활용법이 될 수 있다. 시나리오 플래닝의 작은 단위인 시퀀스, 즉 단기 목표의 데드라인(Deadline)을 설정하면 된다. 말 그대로 '달성 기한'을 정하는 것이다.

순간의 몰입은 나 자신을 움직이는 강한 동기이기도 하다. 긴장감은 긍정적 가치로, 노력은 즐거움으로 업그레이드된다. 데드라인 설정과 달성은 결국 자기 인생관리의 작은 훈련이다.

회사를 다니면서 가장 힘들었던 것은 매일 반복되는 도돌이표 일상이었다. 어제 욕망했던 것과 유사한 것을 오늘도 욕망하게 마련이다. 똑같은 생활 패턴은 삶에 대한 자세를 무감각하게 만들었다. 그럴 때마다 현재 있는 자리에서도 충분히 새로운 환경에 도전하게끔 하는 '여행 버킷 리스트'가 큰 힘이 되었다.

'다음 달 휴가에는 프랑스 식민지였던 베트남을 가보고 싶다.'
'이번 봄에는 꼭 관악산 정상까지 가봐야지.'

'지난 일본 여행에서 못 가봤던 스시 레스토랑을 다음 일본 여행 때는 반드시 가봐야겠어.'

'올해는 자전거로 국토종단을 해볼까?'

여행 작가를 동경하고 꿈꿔왔던 나의 인생 시나리오에서 여행은 데드라인을 설정하고 달성하기 좋은 단기 목표였다. 특히 한강 상류에서 하류의 시민공원까지 자전거를 타기로 결심하고 난 뒤, 3개월이라는 데드라인을 설정했다. 짧은 기한 동안 자전거 장기 레이스에 걸맞은 하체 근력을 키워야 했다. 주말마다 서울 시내 한강 공원을 다니며 자전거와 도로 주행에 익숙하게 만들었다. 주중에는 퇴근하고 규칙적인 운동을 게을리하지 않았다. 살면서 운동에 가장 몰입했던 시기였을 정도다. 결국 3개월 뒤, 경기도 양평에서 반포 시민공원까지 약 70 킬로미터 되는 코스를 완주할 수 있었다. 불과 반년 전만 해도 자전거에 취미도 없었던 스물여덟의 나는 목표의 데드라인을 통해 노력으로 인생을 만들어가는 방법을 배웠다. 지금까지도 자전거 타기는 노력으로 일구어낸 소중한 취미다. 결국 데드라인은 목표 앞에 자신 있게 서는 용기다.

데드라인 설정과 달성을 거듭해가며 스스로 깨달은 바가 있다.

우선, 기한은 되도록 짧게 설정한다.

영화의 짧은 에피소드인 시퀀스 하나가 길어지면 배우나 관객도 늘어지는 법이다. 원하는 바를 정해진 기한 안에 이루는 일은 단기 목표일 뿐, 인생의 목적은 아니다.

둘째, 데드라인 기간 동안 의욕 충만한 상태를 지속한다.

얼마나 남다른 목표인가, 얼마나 단기간에 해낼 수 있는가는 중요치 않다. 목표를 행동에 옮기는 주인공을 중심으로 꾸준한 실천이 뒷받침되어야 한다.

마지막으로 데드라인이 끝난 후, 스스로에게 '휴식'이라는 보상을 준다.

인생 템포의 강약이 조화를 이뤄야 바쁜 순간도, 한가로운 순간도 소중하게 다가온다. 가끔 속도를 늦추고 분주했던 과거를 돌아보며 초심으로 돌아가는 일도 새로운 목표 설정을 위해 필요하다. 스마트한 데드라인 설정으로 노력에 재미를 더하자.

몇 달 전, 어느 고등학교에서 강연을 한 적이 있다. 내가 달성했던 꿈의 목록들과 목표를 달성하기 위해 실천했던 방법들을 설명하며 '꿈 쓰기'를 주제로 이야기를 나누었다.

"이제 여러분이 살면서 하고 싶은 것, 되고 싶은 것, 갖고 싶은 것은 무엇인지 생각해볼까요?"

순간 학생들은 당황하는 눈치였다. 그동안 자신의 꿈을 솔직하게 생각해본 적 없다는 분위기였다. 한참이 지난 뒤, 한 학생에게 물었다. 그 친구의 꿈 목록은 충격적이었다.

"하고 싶은 것? 수능 만점이요. 되고 싶은 것? 수능 만점자요. 갖고 싶은 것? 만점 성적표요."

꿈은 그야말로 꿈이고, 현실은 보이는 그대로의 현실일 뿐이라는 대답이었다. 좀 더 장기적인 안목을 담은 꿈을 그릴 줄 모르게 되어버린 10대에게 과연 기대되는 미래를 꿈꿔본 적은 있는지, 안타까운 마음에 입을 열었다.

"수능 시험 잘 봐서 원하는 대학 들어가는 것이 인생의 유일한 욕망이라면 동갑의 다른 친구들과 다를 게 없잖아. 내 삶이 너무 억울하지 않아? 삶을 좀 더 넓고 길게 바라본다면 나만의 유일한 꿈, 도전해보고 싶은 목표가 없을까?"

주어진 환경을 따라가는 막연한 꿈은 실현하기 어려운 '몽상'에 불과할 것이다. 꼭 이루고 말겠다는 절실함이 부족해서다. 운으로 잘 먹고 잘 살기란 어렵다. 드라마 같은 기적도 힘들다. 결국 평범한 대다수의 우리에게 '실현 가능한 목표'와 '노력'은 가장 기본적인 성공 비결일 것이다.

자신이 원하는 인생을 사는 법은 가까운 일상에서 시작한다. 지금이 순간, 작은 목표부터 실현하려는 의지와 함께 데드라인을 설정하자. 그리고 오늘에 최선을 다하면 된다. 사소한 성취가 쌓이고 쌓이면 이상에 가까워지는 내 모습을 발견하게 될 테니까.

Chapter 4

끝없이 배우고
모험하고,
즐기고 사랑하라

{

01

}

책으로
생각을 경영하라

몇 년 동안 책을 끊고 산 적이 있다. 대학교 4학년 취업 시절부터 취업 후 1년 차가 되었을 때까지다. 학점관리, 스펙 쌓기, 취업, 업무 처리 등 당시 주어진 것들에 쫓겨 다니느라 바빴다. 해야 할 일들은 하고 싶은 일들을 덮쳤다. 대학 시절 두근거리며 넘겼던 불문학 서적들은 방 한구석에 처박혀 수북하게 먼지로 덮이고 있었다.

나는 새로운 지식과 경험을 습득하는 것을 좋아한다. 호기심은 내 본능이며 그 호기심이 해소될 때마다 행복을 느낀다. 하지만 사회인으로 넘어가는 과정에서 이성적인 압박감은 지적 호기심을 가질 여유를 빼앗아 갔다. 당장에 스펙이 급한데, 취업이 급한데, 상사에게 잘 보이기 급한데……. 한동안 독서는 사치였다.

그러던 어느 날, 성격 까칠하기로 유명한 상사가 책을 대신 주문해

달라는 요청을 했다. 당장의 실적에만 온 신경이 곤두선 영락없는 세일즈맨 아저씨라고 생각했는데 의외였다. 나 혼자 나름 충격적이라 생각해서 그런지 제목이 아직까지 생각난다. 앙드레 코스톨라니의 『돈, 뜨겁게 사랑하고 차갑게 다루어라』였다. 성격 급한 상사를 기다리게 할 수 없었기에 나는 점심 시간을 이용해 광화문 대형 서점으로 갔다. 그 우연한 서점 방문이 나에게 필연의 기회가 될 줄은 정말 몰랐다.

아주 오랜만에 들른 서점은 회사 업무에 찌들어 있던 나에게 오아시스였다. 다양한 섹션에 놓인 온갖 책들……. 그 표지들과 제목들만 찬찬히 훑고 있어도 마치 문화 카피라이터가 된 기분이었다. 일단 지나가다 눈길을 끄는 책들을 열어보고 덮고를 반복했다. 종이의 질감, 표지 속에 감춰진 속이 어떨까 하는 기대감, 다양한 저자의 프로필을 보며 작지만 새로운 정보들을 알아가는 앎의 즐거움을 느꼈다. 서점은 인류의 방대한 편집 정보를 품은 우주 같았다. 상사의 책을 사러 갔던 나는 서점과 사랑에 빠져버렸다.

그 후 거친 증권 회사 업무 환경에 마음이 복잡해지면 점심 시간이나 퇴근 뒤 서점으로 가기 시작했다. 다행히 사무실이 서울 도심 한복판이었기에 걸어서 10분이면 대형 서점에 닿을 수 있었다. 진열된 수많은 책으로 '안구 정화'를 하며 마음을 정리하곤 했다. 서점에서 어슬렁거리며 이 책 저 책 손으로 만지고 책 읽는 사람들을 보며 안정을 찾았다. 그러다 표지와 목차를 훑어보고 더 알고 싶은 책이 생기면 한 권씩 사들고 나오기 시작했다. 책과의 인연이 그렇게 다시 시작되었다.

책을 구매하려고 비용을 투자하는 일은 나 스스로를 동기부여하는 힘이 되었다. 직접 내 손으로 골랐고 읽고 싶다는 의지가 담겨 있었기에 독서에 대한 열망이 강해졌다. 또한 퇴근 후의 소소한 두근거림을 선사하기도 했다.

'퇴근 후 읽어야겠다. 과연 무슨 내용일까?'

정신없이 주변 환경에 치이기만 했던 현실 속에서 갑갑함을 느꼈던 스물여덟 살! 책을 통해 다양한 장르를 간접 경험하는 자유를 느꼈다. 더 이상 학생 시절처럼 독서 자체를 위한 독서가 아니었다. 목적이 있는 독서로 현재를 치유하고, 미래를 설계하기 시작했다. 취미이자 자기계발로서 삶의 변화를 가져왔다. 일상에서 책이 차지하는 부분이 점점 커져갔다. 생각하는 시간이 많아졌다. 일을 최우선순위로 삼은 채 스트레스와 긴장 속에 살고 있던 나에게 조금씩 삶의 균형을 찾아주었다.

"내가 세계를 알게 된 것은 책에 의해서였다."

프랑스의 사상가 장 폴 사르트르의 말처럼 책은 사람과 세상에 대한 다양한 통찰을 선사해주었다. 그 통찰이 100퍼센트 흡수되지 않았지만, 적어도 다양한 관점으로 삶을 바라보는 유연성을 길러주었다. 결국 책을 통해 진짜 꿈을 찾게 되었다. 드림 워커로서 가슴 뛰는 삶을 고민하게끔 만든 것이다.

"책이 유익하다는 건 당연히 알지. 평소 책 근처에 얼씬도 안 했던 사람이 어떻게 독서를 즐길 수 있냐는 게 문제인 거야."

내가 독서 예찬론를 펼쳐놓으면 나오는 대부분의 반응이다. 많은 사람이 '책 읽기를 좋아한다'라는 것은 곧 '많이 읽는다'로 잘못 이해하는 데 원인이 있다. 몇 권을 읽었느냐는 크게 중요하지 않다. 물론 많이 읽어서 나쁠 건 절대 없다. 하지만 단 한 권의 책이 삶을 송두리째 변화시키기도 한다. 다독(多讀)의 압박에서 벗어나 한 권이라도 '목적' 있는 독서를 하는 것이 중요하다.

과거의 나처럼, 일은 바쁘고 마음에 여유는 없지만 무언가 변화를 원하는 이들에게 다음과 같은 책 접근법을 제안하고 싶다.

우선, 읽기 편한 책부터 시작한다.

처음부터 난이도 있는 책을 읽는다고 하루아침에 지식이 내 것이 되지는 않는다. 전문 서적을 읽는 것만이 '앎'은 아니다. 일단 끌리는 책을 잡는 거다. 무슨 책을 읽느냐에서 시작하지 말고, 책과 친해지는 것에서부터 시작하자. 단번에 한 권을 해치우려 하기보다, 자주 조금씩 읽으며 독서 습관을 몸에 익히는 것이 먼저다. 내가 처음 읽은 자기

계발서는 20대라면 한번쯤은 읽어봤을 김난도 교수의 『아프니까 청춘이다』였다. 특별히 깊은 정보를 얻기보다 위로도 받고 용기도 얻을 수 있었던 책이다. 그렇게 조금씩 책의 영역을 넓혀갔다.

둘째, 책을 고르는 기준에는 정답이 없다.

현재 상황, 취향, 용도에 맞게 자유로이 접하는 거다. 평소 우리는 책을 고를 때 굉장히 수동적이다. 서점에 가면 베스트셀러, 스테디셀러 코너로 먼저 발길을 향한다. 선택은 늘 '다른 사람들도 다 읽는' 책이다. 그런 책 고르기는 특별한 맛이 없다. 남들 다 좋아하는 아이돌 그룹의 여기저기 반복되어 나오는 유행곡만 듣는 것과 같다. 독서에 습관이 붙기 시작했다면 나만의 책 취향도 가져볼 만하다. 확실한 주관을 가지고 책을 읽기 시작하면 방향에 맞는 안목도 길러진다. 베스트셀러다, 유명 작가다 해서 대중의 선택을 맹목적으로 믿지 말자.

제목에서 1차적으로 끌렸다면 그다음은 바로 목차다. 책을 펴서 목차를 살핀다. 그리고 1장에서부터 마지막 장까지 찬찬히 훑어본다. 사이사이에 읽고 싶은 소제목이 있는가도 살핀다. 기대했던 제목만큼이나 책의 흐름은 어떤지 볼 필요가 있다. 대개 책의 핵심 주장은 2, 3, 4장에 있다. 저자가 하고 싶은 말이 무엇인지 파악해본다. 기준이 생기면 좋아하는 작가도 만들어본다. 그 작가의 책을 다 읽어보면 독서에 재미가 생긴다. 나는 알랭 드 보통의 광범위하고 깊은 사고방식에 푹 빠져 지낸 적도 있고, 심리학자 김정운 교수의 위트 있는 사회문화 평론에 매료된 적도 있다. 결과적으로 책에 더 가까워지게 되었다.

셋째, 책을 전시품이 아닌 교과서로 다루자.

이는 단순한 취미 활동이 아닌 자기계발 독서를 위한 것이다. 독서로 느꼈던 감흥과 생각의 조각들은 책을 덮고 책장에 꽂는 순간부터 조금씩 소멸된다. 그 기억을 붙잡는 방법이 바로 책에 줄을 긋고 메모를 하는 작업이다. 책의 빈 공간에 자신의 생각을 기록하는 것을 '마지널리아(Marginalia)'라고 한다. 소설가 마크 트웨인, 시인 윌리엄 블레이크 등 수많은 문학가도 책의 여백을 자신의 아이디어 노트로 활용했다고 한다.

마지널리아 독서는 읽는 사람을 주인공으로 만든다. 책에 담긴 지식과 저자의 생각을 머릿속에서 한 번 필터링하여 자신만의 방식으로 정리, 산출물(Output)을 만들어내기 때문이다. 줄 긋고, 메모하고, 포스트잇을 붙이며 책은 나만의 편집으로 재탄생된다. 기록해놓고 다시 그 책을 들춰봤을 때 당시 내가 어떤 생각으로 읽었는지 기억해내기가 쉽다. 보통 정적인 행위라고 여기는 독서가 창조적인 활동으로, 가치가 업그레이드된다.

얼마 전, 한국계 입양아 출신인 프랑스 문화부 장관 플뢰르 펠르랭이 2014년 노벨문학상 수상자인 파트리크 모디아노 소설을 한 권도 읽은 적이 없다고 발언해 논란이 되었다. 2년 동안 수많은 서류에 둘러싸여 책을 읽지 못했다는 그녀의 말에 프랑스 국민들은 장관의 자질을 비판했고, 이는 국제적으로도 이슈가 되었다. 책을 안 읽었으니 장관 자리에서 물러나라고 할 정도로 프랑스에서 독서는 문화 강국의 기본 소양이다. 지성을 중요하게 여기는 프랑스인들에게 책은 삶 그 자체다. 과연 우리는 지금까지 책과 얼마나 가까이 살았는지, 독서를 얼마나 중요하게 생각했었는지 짚어보게 하는 일이었다.

지향점이 있는 한 권의 독서는 인생을 바꾸는 힘을 가진다. 한 권씩 읽어나갈 때마다 그 점들을 선으로 연결하면 결국 그만큼이 내 지적 수준의 크기가 된다. 무지의 세계를 발견하는 '앎'의 즐거움 자체가 '삶'의 즐거움이다. 책 속의 새로운 세상에서 잠재되어 있던 꿈도 발견할 수 있다. 나도 여행 에세이와 인문학 서적을 읽으며 20대 동안에 차곡차곡 모아둔 여행 스토리를 책으로 쓰고 싶다는 꿈을 키워나갔다. 1년이 지난 지금, 이제 독자에서 저자로 변모했다.

목적 있는 책 읽기로 하루하루를 채우자. 더 이상 책에 담겨 있는 것은 활자가 아닌 의미다. 인생을 축제로 만들어줄 한 권의 책, 이제 천천히 골라보는 건 어떨까?

02

자기관리가 되어야
인생관리도 된다

나는 자전거로 출퇴근하는 '자출족'이다. 자전거 타는 사람이 많다고 하지만 서른을 갓 넘긴 아가씨가 자가용도 아니고 자전거라니, 특이하다는 주변 반응이다. 자전거를 타기 위해 하이힐도 포기하고 예쁜 치마도 안 입는다. 그 대신 움직이기 편안한 요가 바지에 배낭을 메고 출근한다. 출퇴근길인 분당 정자동 카페거리는 한껏 멋을 낸 또래가 많다.

골드만삭스 퇴사 6개월째, 그동안 자전거로 오가면서 나처럼 자전거로 이동하는 사람은 거의 없다는 것을 알았다. 그렇지만 파리에서 자주 즐겼던 유럽식 생활방식이라 생각하면 재미가 쏠쏠한 출근 방법이다.

그만큼 자전거 타는 것을 사랑한다. 불과 6개월 전만 해도 주말마다 여의도로 달려가 자전거를 꼭 타곤 했다. 여의도 한강공원에서부터 강변을 따라 동작을 지나 반포까지 슬슬 페달을 밟는다. 주 5일 내내 치열한 회사생활 속에서 꽉 막아둔 에너지를 분출하는 소중한 시간이었다. 『자전거여행』의 소설가 김훈처럼 강바람을 온몸으로 받으며 자유를 느낀다.

"억눌림 없는 몸의 기쁨은 너무 심한 것 같기도 하고 살아 있는 몸이란 본래 이래야 하는 것 같기도 하다. 오르막도 내리막도 없는 강가에서는 마구 페달을 밟으려는 허벅지의 충동을 다스려가면서 천천히 나아가야 할 것이다."

정확히 20분이면 반포 한강공원 편의점에 도착한다. 시원한 에너지 음료 한 캔을 비우고, 늘어지기 전에 다시 여의도로 돌아온다. 몸은 노곤하지만 기분은 끝내준다. 경치를 즐기는 정도가 걷기와는 다르다. '스피드' 덕분이다. 달리는 자전거 위에서 쬐는 햇살, 피부에 닿은 강바람과 기분 좋은 비릿한 물 냄새까지, 평소와 다른 방법으로 자연을 느낀다. 자전거 타기는 체력관리를 위한 운동이자, 스트레스를 해소하는 나만의 방법이었다.

현대인들은 하루의 대부분을 인공적으로 지어놓은 사각 빌딩 안에서 지낸다. 동선도 짧다. 집에서 학교, 집에서 회사, 평일엔 그게 끝이다. 그것도 자동차나 대중교통이 우리 발 대신 움직여준다. 학교에 들어가면 학점관리다, 토익 점수다, 스터디다 해서 꼼짝 않는다. 입사하면 업무 처리에 사람들 상대하느라 하루가 금방 지나간다. 자기관리는커녕 몸을 움직일 틈도 없다. 환경으로부터 받는 스트레스는 쌓여가는데, 그 스트레스를 해소할 방법이 없다. 결국 가장 쉽고 빠른 '술'

로 푸는 것이다.

외국계 증권사는 다양한 사람이 모여 있다. 해외 교포, 토종 한국인, 외국인까지 다양하다. 살아온 환경이 달라서인지 라이프스타일 또한 가지각색이다. 엄청난 업무 강도에 술자리가 일상인 세일즈 부서에서 운동은 필수적인 자기관리법이다. 새벽부터 밤늦게까지 일에 시달리면 체력이 바닥나게 마련이다. 치열한 경쟁 구도에서 살아남기 위해 컨디션 조절은 필수이다.

중요한 것은 주기적으로 운동을 하는 사람과 그렇지 않는 사람 사이에 여러모로 차이가 컸다는 사실이다. 운동을 하지 않는 사람 대부분은 대체적으로 안색이 어둡고 늘 인상을 찌푸리거나 무기력해 보였다. 스트레스 지수가 높아 늘 예민하거나 피곤한 상태였다. 그와 반대로 운동을 즐기는 사람은 표정이 밝았다. 말과 행동에 에너지가 넘쳤으며 상대적으로 훨씬 긍정적이었다. 자신만의 라이프스타일을 중시했고, 개인 일정도 다양했다. 바쁜 일상에서도 새벽 시간이나 점심 시간을 활용해 운동 스케줄을 놓치지 않았다. 게다가 약속이 있는 날이면 한 끼는 샐러드 같은 건강식으로 해결한다. 비슷한 업무 환경 속, 정반대의 생활 패턴을 나란히 비교하는 것은 나 스스로를 정비하는 계기가 되었다.

운동 습관을 가지고 있다는 것은 많은 바를 의미한다.

가장 먼저 시간관리를 잘한다는 데 있다. 나 자신과의 약속을 지키기 위해 늘 계획적으로 움직이기 때문이다. 둘째, 자존감이 높다. 꾸준한 자기관리를 한다는 것은 곧 스스로의 가치를 높게 본다는 뜻이다. 마지막으로 운동 외에도 다른 일에 대한 의욕이 높다는 점이다. 현대인에게 운동 목적은 컨디션 조절이 크다. 최상의 컨디션을 유지하려는 의지는 곧 하고 있는 일도 잘하려는 의지와 같다. 운동은 주변 환경에 끌려다녔던 삶을 주체적으로 이끄는 삶으로 변화시키는 힘이 된다.

공병호 박사는 『운명을 바꾸는 공병호의 공부법』에서 컨디션 조절의 중요성을 이렇게 설명한다.

'정신노동을 요구하는 대부분의 활동이 그렇듯이 몸과 마음이 최상의 상태가 되어야 최상의 결과를 만들어낼 수 있다. 여러분 삶의 중심에 몸과 마음의 상태를 최상으로 유지하는 나름의 방법을 갖고 있어야 하고 이를 적극 생활 속으로 끌어들어야 한다.'

만성 피로에 시달리는 우리에게 일과 삶의 균형을 유지하는 의식적인 노력이 필요한 까닭이다. 그 여러 방법 중 건전하면서도 유익한 것이 운동이다.

광화문으로 출근하던 과거, 나에겐 절대적으로 지켜야 할 나 자신과의 약속이 있었다. 일주일 동안 평균 세 번은 운동 시간을 갖는 것이었다. 적어도 일주일에 두 번은 새벽 6시 30분에 집을 나섰다. 회사 근처의 아침 7시 요가 수업에 참여하기 위해서였다. 바빠서 운동을 못한다는 말은 운동 의지가 없다는 것과 같다. 뜻이 있는 곳에 언제나 길이 있다. 저녁 약속이 있으면 새벽에 시간을 만들면 된다. 새벽에 못 일어났으면 점심 시간 단 30~40분이라도 걷고 뛰면 된다. 냉정히 말하자면, 자기관리를 하는 데에서 노력조차 않고 일이 많다거나 약속이 꽉 찼다고 말하는 건 '핑계'다. 단지 마음의 여유가 없다거나 업무에 대한 불안감일 뿐이다.

운동 습관을 가진 지 올해로 5년차다. 처음부터 운동신경이 뛰어난 것도 아니었다. 오히려 천식을 앓고 있던 초등학교 시절에는 체육 시간이 죽도록 싫었다. 그러나 이제 운동은 삶에서 없어선 안 될 소중한 일상이 되었다. 주변에서 운동 중독이라는 소리를 들을 정도다.

직장생활 4년 동안 자기관리를 위해 도전한 운동은 여러 가지다. 자전거, 요가, 등산, 마라톤, 크로스핏, 수영 등 이것저것 시도해보며 많은 변화를 체험했다. 가장 큰 변화는 바로 삶을 대하는 태도였다. 운동을 하는 데에서 '잘해야 한다'는 압박감을 버리고 '즐겨보자'라는 관점을 가지게 되었다. 온전히 나를 위한 자기계발이라면 성과에 연연하지 않고 스스로에게 솔직해져야 하기 때문이다. 피로와 걱정은 줄이고, 활력을 높여주는 즐거운 취미생활이라고 여기면 된다.

나만을 위한 자기관리법으로 특정 시간만큼은 온전히 나에게 집중하자. 운동이 아니어도 된다. 주변 환경에 치여 그동안 잊고 있었던 나를 다시 찾게 해주는 무언가를 찾자. 몸과 마음의 컨디션을 관리할 수 있는 방법이면 무엇이든 좋다. 나를 사랑해야 삶도 사랑할 수 있는 법이다. 일상에서 자기관리의 작은 노력들이 모이면 큰일을 할 수 있는 힘이 될 것이다. 현재를 위한 즐거움이자 미래를 위한 투자이다. 먼저 나 자신을 보살피자.

오늘도 10분 요가로 아침을 깨운다. 전날의 찌뿌둥함을 가벼운 스트레칭으로 달래본다. 그리고 러닝머신 위를 달린다. 송골송골 맺힌 땀과 함께 상쾌해진다. 햇살 좋은 날은 조금 일찍 서둘러 자전거를 타고 탄천을 따라 출근하기도 한다. 출근 시간이 곧 자기관리 시간인 셈이다. 하루를 기분 좋게 시작한다.

온갖 외부 요소로부터 나를 보호하는 자기관리법으로 인생을 관리하자. 그리고 마음속으로 외쳐보는 거다.

'오늘 하루도 신나게 즐기는 거야!'

스스로를 사랑하는 자기관리도 일상의 작은 습관에서 시작한다.

03

바깥으로 나가
기회를 벌어라

누구나 프랑스에 대한 로망을 가지고 있다. 갓 구운 빵 냄새와 진한 커피 향이 아침을 깨운다. 거리 풍경은 그야말로 화보다. 붉은 립스틱에 진한 향수 냄새를 풍기는 파리지엔느 여성들과 절도 있게 멋 부린 파리지앵 남정네들과 눈인사를 한다. 불어의 버터 발음을 마구 소리내며 매력을 표출한다.

"봉쥬~ 흐(Bonjour)!"

프랑스는 그야말로 우아한 일탈의 상징이다.

그러나 스물한 살 여대생이었던 나에게 당시 프랑스는 '어학연수'를 위한 어느 나라였을 뿐이다. 어차피 해야 하는 외국어, 배우고 오면 전공자답게 기본은 할 수 있을 거라는 대책 없는 생각이었다. 누군가에게 프랑스 유학은 버킷 리스트로 꼽을 정도의 가치였지만, 철없던 나에겐 감사하는 마음조차 없었다. 비장한 각오 없이 프랑스에서의 삶이 시작되었다. 하지만 프랑스 어학연수행 비행기 티켓이 내 인생의 르네상스를 맞이하는 '골든 티켓'이 될 줄이야!

프랑스 파리에서 특파원생활을 했던 미국 작가 어니스트 헤밍웨이는 말했다.

"젊은 시절, 그대가 파리에서 살아보는 행운을 누렸다면 그 후 세상 어디에서 어떻게 살아가든 파리는 이동하는 축제처럼 남은 생 동안 그대 곁에 머물게 되리라."

나에게 프랑스, 특히 파리에서의 경험은 '처음'인 것들이 많았다. 부모님 없이 떠나는 배낭여행, 혼자 독립해서 살아보기, 외국인 친구 사귀기, 와인 마시기, 야간열차 타고 국경 넘어보기, 지갑 잃어버리기······. 독특한 추억 덕분일까? 거의 10년이 지난 지금도 당시의 느낌이 생생하다. 이제는 그냥 과거 기억을 뛰어넘어 프랑스에서의 미래를 꿈꿔보기도 한다. 헤밍웨이가 말했듯이, 지구 반대편에 살고 있어도 20대 초반의 프랑스 유학생활은 내 곁에 항상 머물러 있다. 프랑스는 마음속 제2의 고향으로 깊이 자리 잡았다. 타지에서 보낸 2년의 시간은 '여행'을 내 인생의 1순위 가치로 만들어주었다.

사람들은 늘 내게 묻는다.

"그렇게 여행이 좋아? 지금까지 실컷 다녀와놓고선 어딜 그렇게 또 가?"

"여행 안 가면 숨 막혀서 못 살아."

여행은 '짐을 싸들고 잠깐 떠나보는' 이벤트 그 이상이다. 낯선 여행지에서 새로운 체험을 위해 몸을 던졌을 때 발견하게 되는 진정한

내 모습! 외부 환경에 묶인 표상적인 삶이 아닌 마음의 삶을 살 수 있는 관점을 가르쳐준다. 자유로운 공간 속에서 솔직해질 수 있기 때문이다. 사회생활에서 자칫 중심을 잃다가는 환경에 타협하고 마는 내 모습 때문에 진짜 자아는 점점 작아지고 만다. 문화심리학자 김정운 교수는 이렇게 말했다.

"가장 열심히 일할 때가 가장 창의적이지 못하다."

이는 내적 동기와 자유와의 상관관계 때문인데, 자발적 선택이라면 내적 동기가 유발되어 재미있게 놀이처럼 즐길 수 있다는 것이다. 외적 보상이 아닌 자기 스스로의 만족을 계기로 즐거움을 느끼는 일, 나에게 여행이 그런 존재다.

월급이라는 외적 보상으로 움직이는 일에서 벗어나 스스로의 열망으로 움직이는 여행을 할 때 느껴지는 풍요는 말로 표현하기 어렵다.

그 풍요는 여행지의 '배움'에서 비롯된다. 낯선 환경에서의 신선한 경험은 기회를 벌게 해준다. 다양성을 수용하고 적응하는 역량을 키우는 기회다. 이제 '적응력'과 '개방적 사고'는 어디를 가도 자랑할 만한 나의 장점이 되었다.

강도 높은 증권 회사를 다니면서도 '여행'은 나만의 철칙이었다. 그 누구도 여행에 대한 열정은 건드릴 수 없었다. 업무 과다가 나를 덮칠 때나 사람에 치일 때, 앞으로 3개월 치 달력을 미리 넘기며 상상했다. 낯선 여행지로 떠날 기회를 찾는 것이다. 휴가를 일부러 내지 않아도 여행 기회를 마련하는 일은 어렵지 않았다. 다만 의지가 필요할 뿐이다. 주말 이틀로 충분하다. 금요일 퇴근하고 인천공항으로 직행하곤 했다. 주말 내내 탐험을 만끽한 후, 일요일 밤 레드아이(Red Eye, 밤늦은 비행 시간을 활용한 항공 스케줄) 항공편을 타고 월요일 새벽에 도착한다. 귀국 후, 여독으로 몸은 고단하긴 하지만 갖가지 경험으로 마음은 평소보다 풍요롭다. 여행에서 얻은 활력 덕분에 회사 업무 역시 동기부여가 된다. 가까운 미래에 있을 그다음 여행을 고대하며 하루하루가 즐겁기 때문이다.

마지막 직장 골드만삭스에서도 '보헤미안' 같은 막내 직원으로 통했다. 글로벌 일류 기업의 책상 앞에서 대부분의 시간을 월급을 위해 투자하는 것으로는 자기 성장을 기대하기 힘들다. 일을 즐기기 위해 나를 지속적으로 이끌 특별한 불씨가 있어야 했다. 기대되는 미래를 위한 꺼지지 않는 불씨 말이다. 내면의 불씨를 유지할 산소 공급은 바로 외부에서 찾을 수 있는 '신선한 구체적 경험'이라고 생각한다. 외부 기회의 중요성은 트위터 창업자의 말에서 찾을 수 있다.

"트위터 사무실에는 마흔다섯 명이 근무하고 바깥에는 육십억 명의 사람이 살고 있다. 회사 안보다 바깥에 더 똑똑한 사람이 많다. 나는 직원들에게 회사 말고 다른 곳을 보라고 교육시켰다. 사람들에게 물어보고 주변을 살펴야 한다."

기회는 바깥에서 온다는 의미다. 편한 곳에 오래 앉아 있는 것은 위험하기도 하다. 넓은 곳으로 나가 운을 벌어들이는 것이 좋다. 그 때문에 나는 사람들에게 낯선 장소에서 경험해볼 것을 권한다. 수많은 경험이 자신을 성장시키는 자양분이 되기 때문이다.

그렇다면 여행이 자기계발의 가치를 발휘할 방법은 무엇일까? '목적의식'을 가지고 여행의 '버킷 리스트'를 작성하고 실행해보는 것이다. 여행의 버킷 리스트는 여행지에서 소망하는 목표를 달성하기 위해 나 자신과 약속한 실천 목록이다. 내가 지난 10년간 매번 여행을 갈 때마다 설정했던 다음의 버킷 리스트들은 이루어졌다.

- 일본 최고급 스시 먹어보기
- 유럽 기차여행으로 국경 넘어보기
- 프랑스에서 와인 다양하게 맛보기
- 평화로운 해변에 누워 실컷 독서하기
- 자전거로 자유롭게 여행하기
- 조용한 시골 마을에서 새벽 조깅하기

이렇게 여행 버킷 리스트를 구체적으로 적으면 이루고 싶다는 열의도 강해진다. 해야 하는 의무감으로 가득한 일상에서 절대 느끼지 못했던 미래에 대한 설렘을 느낀다. 잊고 지냈던 소중한 열망을 찾을 수 있다. 여행은 삶의 비전을 찾고 이루어나가는 여정이다. 낯선 곳에서 버킷 리스트를 시도하며 주체성을 되찾아간다. 익숙하지 않은 외부 세계로 눈을 돌려 나 외의 것들도 올바로 인식한다. 세상과의 대화는 자신을 돌아보는 계기가 된다. 다양성 속에서 정체성을 발견할 수 있다.

· 당장의 현실적인 조건만 보고 속상해하다가 보이지 않는 새로운 가능성을 놓치고 있는 것은 아닌가?
· 돈을 위해 일하는가, 스스로의 성취를 위해 일하는가?

여행은 지혜로운 사람으로 성장하는 기회다.

강연할 때마다, 지난 10년간의 수많은 여행 버킷 리스트를 이뤄오며 형성된 나만의 여행철학을 강조하곤 한다.

"여행은 최고로 짜릿한 자기계발입니다. 떠나세요, 느끼세요. 그리고 깨달아야 합니다!"

세상에는 두 부류의 사람이 있다. 관성대로만 사는 사람과 관성을 만드는 사람이다. 나는 후자로서 언제나 기존 관성을 벗어나 나만의 관성을 만들고자 노력했다. 30대를 맞이하여 새로운 리스트를 만들어가는 중이다. 여행 버킷 리스트는 마음 속 열정의 불씨를 절대 꺼뜨리지 않을 연료이자 앎과 꿈을 선사해주는 기회의 보물 지도이다. 다음 미지의 발견을 상상하며 오늘 이 순간 의미를 두고 즐겁게, 그리고 최선을 다한다. 이제 당신이 세계를 무대로 목표 설정을 할 차례다.

04

문화생활은
스스로의 품격을 높인다

내가 서울에서 가장 좋아하는 곳은 골드만삭스 사무실 근처인 경복궁역이다. 광화문역에서 경복궁과 북악산을 바라보며 천천히 걷다 보면 자연스레 마음이 차분해진다. 시원하게 트인 세종로를 걷는 일은 소소한 즐거움이다. 특히 광화문 광장에 서서 360도 한 바퀴를 돌며 바라보는 경치는 기막히다. 조선 시대 역사를 담고 있는 경복궁, 모든 것이 투명한 창으로 덮여 있는 최첨단의 마이크로소프트 본사 건물, 교보문고 빌딩, 우리나라에서 내로라하는 기업들의 으리으리한 사옥들, 대한민국 공연 문화의 상징인 세종문화회관까지……. 수백 년 전부터 21세기 현재의 모습이 모두 한 장면에 담겨 있는 절경이 예술이다. 옛것과 새것의 파노라마를 감상하며 그 속에서 살아 있는 나를 느낀다.

강북 도심에서 근무를 했다는 사실은 내게 행운이었다. 눈을 크게 뜨고 사무실 주변에 뭐가 있나 관심을 가져본다면 광화문이 얼마나 굉장한 곳인지 깨달을 수 있다. 웅장하게 펼쳐진 자연 경관과 고층 빌딩 속에서 숨은 보물을 찾듯, 문화생활을 즐길 수 있는 곳이 많기 때문이다. 지루할 만큼 규칙적으로 나열되어 있는 사무실 책상들과 숨 막힐 정도로 빠르게 변하는 증권 지수, 그것들이 꽉 차 있는 수십 개의 모니터와 섞여 있다 보면 어느새 '나'와 그 '순간'의 의미는 잊게 된다.

하루 종일 거대한 빌딩 속에서 돈을 벌기 위해 고군분투하고 난 뒤의 퇴근길은 허무할 때가 많았다. 머릿속은 어지러웠다.

'도대체 무엇을 위해 이렇게 일하는 걸까?'

'이 회사에서 나의 마지막은 어떤 모습일까?'

자아의 상실감으로 삶에 대한 의욕은 점점 작아져갔다. 현실에 허덕일 때마다 나 스스로를 자극할 일상의 '전환'을 만들어야 했다. 새로운 배움과 긍정적인 감정이 필요했다. 바로 삶의 다양함 속에서 신선함을 느끼게 해줄 문화생활이다. 틀에 박힌 일상 속, 늘 같은 모습에서 잠시 벗어나 변화를 체험하는 일은 유익함을 넘어서 삶의 균형을 맞추는 필수 요소라고 말하고 싶다.

점심 시간 산책, 퇴근 길 전시회 한 편이 그런 역할이었다.

점심 시간에 들르는 서울시립미술관. 한 시간이라는 틈을 이용해 전시회를 감상했다. 퇴근 후엔 슬슬 걸어서 효자동에 들른다. 작은 갤러리들과 설치 예술품처럼 독특하게 꾸며놓은 가게들을 보며 유쾌함을 느낀다. 모니터 속 수북이 쌓인 메일이 아닌 예술가들의 틀을 깬 작품이나 창의적 상점들의 디스플레이가 내 시선을 고정시키는 순간이다. 의무적이고 뻔한 일상을 벗어난 것들 모두가 소중한 예술 작품이다. '의무'에서 벗어나 '자유'를 대리 만족한다. 점심 시간, 퇴근길에 예술 작품 한 점을 마음속에 담아두는 체험은 공허감을 느꼈던 오늘의 나를 되돌아보고, 잃어버릴 뻔했던 자존감을 되찾게 해주었다.

많은 사람이 스스로를 평범한 사람이라고 정의한다. 시간이 흐를수록 '잘 먹고 잘 산다'는 기본을 유지하기가 쉽지 않음을 깨달아가기 때문이다. 냉정한 현실과 부딪힐 때마다 스스로를 채찍질하며 앞으로 나아가려는 경향은 줄어든다. 고단할수록 지금 이 상태에 안정적으로 머물고 싶다는 마음뿐이다. '열정 페이', '계약직 인생' 같은 시대적 압박에서 버티고 사는 일에 그만 나의 정체성과 개성을 양보한다.

하지만 현실이 나의 '유쾌함'을 뺏도록 내버려두면 안 된다. 유쾌함은 사람을 유연하게 만든다. 활기차게 일하는 가운데, 부정적 상황에 직면하더라도 스스로를 받쳐주는 힘이 된다. 유쾌한 감정을 유지하고 유연한 사고를 기르기 위해 필요한 것은? 인간의 가치를 깨닫게 하는 '마음의 눈'이다. 대한민국에 인문학 열풍이 분 것도 비슷한 맥락이다. 물질만능주의 사회에서 상처받은 내면을 치유하고 평범한 일상에 삶의 의미를 부여하는 다양한 시각을 갖기 위함이다. 알랭 드 보통은 『영혼의 미술관』에서 삶과 예술의 관계에 대해 이렇게 말한다.

'우리는 모두 의미 있는 삶을 살기 위해 노력하고 뜨겁게 사랑하기를 갈망하며 더 나은 사회를 만드는 데 도움이 되고자 한다. 그러하기에 예술 작품을 통해서 우리는 다시 한 번 우리의 삶을 되돌아보고 앞으로 나아갈 방향에 대한 힌트를 얻을 수 있다. 우리 삶 속으로 다시금 예술을 끌고 들어와 우리의 삶과 사랑, 일을 더욱 아름답고 풍요롭게

만들어줄 수 있도록 예술을 추동해야 한다.'

풍요로운 삶, 사랑, 일이란? 좀 더 유연한 시각으로 우리가 평소 잊고 살았던 인류의 가치들을 되살려냈을 때 가능하다. 예술 작품과의 소통을 통해 삶을 온전하게 내 것으로 만들 수 있다는 의미다. 교양 있는 여가는 거창하지 않다. 그림을 보고 작가의 연대기를 줄줄이 꿰고 그림을 평가하는 것이 아니기 때문이다. 고단함 속에서도 삶의 격을 잃지 않도록 하는 힘이 바로 문화생활 덕분에 말랑말랑해진 관점에서 비롯된다. 첫 회사에서 해고 통보를 받았던 당시, 좌절감과 미래에 대한 막막함은 내 어깨를 짓눌렀다. 일어나지 못하게 말이다.

'한 달 안에 짐 싸고 나가면…… 뭘, 어떻게 해야 하지?'

새로운 일자리를 찾아야 한다는 부담감은 부정적 잡념들을 낳고 있었다. 다시 도약하기 위해 틈 날 때마다 찾은 곳은 경복궁역 근처의 작은 갤러리들과 미술관이었다. 자존감을 떨어뜨리지 않게끔 도와주는 최적의 장소였다. 일상의 틀에서 벗어난 예술 작품들과의 조우는 상상력과 긍정적인 힘을 얻게 했다.

'이 아티스트도 작품을 탄생시키기까지 고통을 삼키느라 힘들었겠지? 놓치기 쉬운 일상도 예술가의 표현방식에 따라 예술적 가치를 갖게 되는 거야.'

스물일곱에게 주어진 나름의 고난 속에서도 나와 인생의 가치를 찾는 방법이었다. 예술과 소통했던 나만의 놀이는 쓰디쓴 순간을 아름답게 승화시켜주었다.

예술에 대한 지식이 없다고 걱정할 필요 없다. 영역에 한계도 없다. 늘 같은 모습에서 벗어나겠다는 의지만 있으면 된다. 예술이 있는 곳

어디든 상관없다. 발걸음을 옮겨보자. 그림을 보고 객관적인 정보를 외울 필요도 없다. 낯선 것들을 바라보는 상황에 조금씩 익숙해질수록 유연한 관점을 가지게 된다. 감상은 단어 그대로 가슴으로 느끼는 행위다.

우리는 '여가'가 곧 '휴식'이라는 생각을 가지고 산다. 일상에서 끊임없이 날 따라다니는 책임감으로부터 해방되는 순간이라고 여기면 여가마저 틀에 갇히고 만다. 그 틀을 파(破)해야 한다. 일과 휴식 사이를 오가는 것에서 벗어나자. 내면에 억눌렸던 호기심, 자유를 표출할 수 있는 공간과 시간이 필요하다. 여가를 삶의 균형을 찾고 나 자신의 '격'을 높이는 투자로 생각하면 어떨까? 우리가 처한 상황에 의미를 부여하는 힘은 쳇바퀴에서 벗어나 창조적인 아름다움을 만나는 것에서 시작된다. 많이 보고 느끼는 '앎'만큼 세상을 영유하는 '삶'도 깊어지는 법이다.

05

나만의 아이템으로
셀프 브랜딩을 시작하라

"넌 무슨 만년필이냐?"

대학교 4학년 마지막 학기였다. 내 손에 쥐어진 만년필을 보고 친구가 던진 말이었다. 쓸데없이 겉멋만 들었다는 말투로…….

"사인하는 거 같지 않아? 특별해지는 기분이잖아."

내 수첩에는 샛노란 독일제 라미 만년필이 늘 꽂혀 있었다. 처음엔 그저 멋이었다. 남들과 차별화하고 싶었다. 학점이다 취업이다 책상 앞에 앉아 있는 시간이 대부분이라 늘 눈앞에 굴러다니는 필기구에 대한 욕심이 남달랐다.

종이 위에 사각거리는 소리, 필기 양에 따라 잉크가 줄어드는 상태가 보이는 만년필은 아날로그에 대한 로망이었다. 주머니 사정이 넉넉지 않은 대학생이었지만 나 자신을 위한 투자라는 생각으로 5만 원

남짓한 필기구를 장만했다. '내가 물건 주인'이라는 인증 마크처럼 영문이름 이니셜 'C. Y. E'도 새겼다. 이름이 음각 처리된 노란 라미 만년필은 필기구 그 이상이었다. 다이어리에 메모를 적으면서 느껴지는 펜촉의 촉감, 잉크가 떨어질 때마다 새 카트리지로 갈아 끼우는 수고스러움까지, 아끼는 만년필을 만지작거리며 마음의 안정을 되찾았다. 불편함 속에서 되찾는 여유라고나 할까?

만년필을 갖고 난 뒤, 낙서하는 습관이 생겼다. 좀 더 의미를 부여하자면 끼적임이 맞겠다. 다이어리에 계획을 적으면서 빈 공간에 좋아하는 문구나 생각을 짤막하게 옮겨 적기도 했다. 두툼한 몸통에 비해 얇은 펜촉 덕분에 마음껏 끼적여도 잉크가 크게 번질 염려가 적다. 힘을 주지 않아도 종이 위에서 매끄럽게 잉크가 활자로 변하는 그 느낌은 마치 눈 덮인 슬로프 위에서 스키를 타고 내려오는 기분이다. 만년필은 글씨를 쓰는 것이 아닌, 상상력을 종이에 그리는 작업 수단이었다.

'마 비 엉 로즈(Ma vie en rose).'

만년필과 함께 대학 시절부터 지금까지 즐겨 쓰는 이 문구는 불어로 '장밋빛 내 인생'이라는 뜻이다. 전설적인 프랑스 여가수 에디뜨 피아프의 노래 제목을 인용한 나만의 자기암시 주문이다. 매 순간 장미처럼 정열적이고 멋지게 살겠다는 모토로 나 스스로를 응원했다. 고민이 생길 때마다, 스트레스가 쌓일 때마다, 종이 위에 '마 비 엉 로즈'를 수없이 적어가며 자존감 평균치를 유지하며 살아왔다. 활력을 활자로 가시화하며 '성공'과 '행복'에 대한 자기암시가 그때부터 시작된 것 같다. '멋'으로 시작한 라미 만년필은 점차 '꿈'을 위한 매개체가 되었다. 20대 중반의 나에게 소비가 아닌 투자였다.

지금은 브랜드 자체를 넘어선 '브랜딩(Branding)' 시대다. 현재진행형인 'ing'가 붙기 때문에 브랜드의 성격이 살아 있다는 뜻이기도 하다. 브랜드를 체험함으로써 브랜드 사용자는 자기다움을 외형적으로 표현할 수 있다. 브랜딩은 브랜드의 자기다움을 표현하는 그 모든 것을 포괄한다. 만년필을 통해 감성을 중시하는 아날로그형 생활방식을 드러냈던 것처럼 말이다. 심리학적 용어로 내적 성격을 뜻하는 '퍼스낼리티(Personality)'가 남들에게 드러내는 외형적 성격인 '페르소나(Persona)'로 표출되는 방법, 바로 브랜딩이다. 홍성태 교수는 페르소나에 대해 '성숙한 사람들이 바람직한 방향으로 만들어가는 자신의 모습과 성격'이라고 정의한다. 또한 성숙한 성인이라면 페르소나를 잘 가꿀 줄 안다고 했다. 의식적으로 형성된 자기다움은 현재형에서 되고 싶은 미래형으로 차츰 진보한다. 브랜딩은 비전을 그리는 작업이라고 할 수 있다.

전설적 패션 아이콘 제인 버킨에게 에르메스의 버킨백이 상징이 되어 그녀의 절제된 우아함을 표현해준다. 가수 조영남에게는 까만 뿔테가 세월을 거꾸로 가는 듯한 '끼'를 드러낸다. 페르소나를 담은 아이템은 예술가뿐만 아니라 경영자에게도 필수다. 세계적인 SNS 트위터 공동 창업자 잭 도시는 '옷 잘 입는 슈퍼리치'로 불린다. 그의 상징적 아이템인 옷깃이 안쪽으로 뒤집힌 셔츠는 미적 감각과 실용성을 동시에 추구하는 경영철학과도 일치한다는 이야기까지 나온다. 스티브 잡스의 이세이 미야케 검정 폴라티와 리바이스 청바지는 이제 애플의 유니폼처럼 익숙할 정도다. 그 무언가와 자신의 페르소나를 동일시하는 것은 인생 전반을 나타낸다. 아이템에 걸맞은 라이프스타일, 나만의 라이프스타일을 나타내주는 아이템은 상호적 관계다.

요즘 '햄릿증후군'이라는 트렌드가 화제다. 정보 폭식증으로 고통받는 디지털 시대에 흔히 '결정장애'라는 표현을 자주 사용한다. 정답을 필요로 하는 한국 사회 분위기 속, 개성이 아닌 대세를 따라 의사결정을 하는 행태에서 나온 새로운 소비 트렌드다. 유행 따라 덩달아 산 물건은 점차 가치를 잃게 된다는 사실, 방 한구석에 먼지 쌓인 소품이나 옷을 보면 깨달을 수 있을 것이다. 복제한 인형처럼 비슷비슷한 패스트패션은 소유의 가치를 떨어뜨리는 경우가 많다. 반대로 페르소나를 담고 있는 물건은 시간이 지나면, 소유의 의미가 곧 나 자신의 존재 의미가 된다.

"먹고살기도 바쁜데, 무슨 아이템 타령이야? 그냥 돈 주고 사서 쓰는 거지" 하는 말은 이제 나와 내 인생을 멋지게 가꿔볼 의지가 없다는 것과 다르지 않다. 이제 먹고살기에만 바빴던 삶에서 벗어나 나를 좀 더 창조적이고 풍요로운 사람으로 만들어줄 매개체를 장만해야 한다. 페르소나를 담은 아이템에 기대하는 미래를 투영시킬 차례다. 고가의 명품이 아니어도 좋다. 연필 한 자루라도, 수첩 하나라도, 나이키 운동화 한 켤레라도 좋다. 현재와 미래의 가능성을 담은 아이템으로 스스로를 브랜딩할 필요가 있다. 이는 곧 나를 행동하게 하는 건전한 욕망이기 때문이다.

　라미 만년필을 사용한 지 5년째, 수없이 잉크를 교체해가며 끼적였던 행복의 순간들이 지금의 내 모습을 끌어당긴 것일까? 이제는 만년필로 독자에게 사인을 해주는 작가가 되었다. 만년필을 만지작거리며 메모하고, 장난 삼아 사인도 해보면서 얻는 소소한 기쁨이 미래를 준비하는 시작이었던 걸까? 책 출간 후, 고가의 만년필인 몽블랑을 장만해 사인하고 있다. 몽블랑으로 종이에 생각을 낙서하기에 마음이 편하지 않아서인지, 아니면 좋고 싫음이 분명하고 원색을 좋아하는 개성 강한 서른한 살의 페르소나에게 라미가 어울려서인지……. 아직은 손에 익숙한 라미가 편하고 좋다. 부담 없이 잉크를 사용하며 손놀림의 자유를 느낀다. 어쨌든 개성이자 취향이었던 라미 만년필, 더 나아가 만년필 자체는 이제 작가인 나를 상징하는 매개체다. 디지털 시대에서 빛나는 아날로그 감성이 지금의 글 쓰는 나를 만든 셈이다.

　미국의 시인이자 사상가인 랠프 월도 에머슨은 "우리는 타인에게 드러내는 이미지만큼 대접받고 산다"라는 말을 남겼다. 이제 대한민국 공식에서 벗어나 자기다움을 표현할 수 있는 아이템을 만들자. 특별한 물건을 매개체로 스스로를 브랜딩하는 작업을 통해 끌려다니지 않고 끌어당기는 적극적인 삶을 만들게 될 것이다. 이제 비전을 담은 나만의 아이템으로 셀프 브랜딩을 시작해보자. 사치가 아닌 가치 투자의 개념으로!

06

매력으로
인력을 구축하라

"일보다 사람 상대하기가 더 힘들어."

이따금 주고받는 "일은 할 만하냐?"는 질문에 많은 사람이 이처럼 대답한다. 사회적 존재로서 상처받는 원인 절반 이상은 아마 동족인 다른 사람 때문일 것이다. 관계 속에서 온갖 경험을 하고 세상을 맛보고 자아를 깨닫고 성숙해진다. 남의 이목에 신경 쓰고, 남의 성공에 배 아파하고, 남과의 갈등에 분노하면서도 끝내 관계의 얽힘에서 벗어나지 못한다. 왜 그럴까?

"친구가 행복하게 되었다는 소식에 우리가 기뻐하는 것은 선량함도 아니고 우정 때문도 아니다. 이번에는 우리가 행복해질 차례라든가, 또는 친구의 행운 덕으로 뭔가 좋은 일이 있겠지 하고 우리의 가슴을 설레게 하는 '자기애' 때문이다."

프랑스 사상가 프랑수아 드 라 로슈푸코의 말에 관계의 답이 있다. 우리는 서로가 서로를 필요로 하기에 관계를 맺고 있으며, 상대에게 무언가 기대하는 심리는 관계 형성과 유지의 보이지 않는 손이다.

이직률이 높은 금융업계에서 직장을 옮기기도 하고 그만두기도 하는 드라마 같은 4년을 보냈다. 일 속에서 미래를 꿈꿨던 20대 청춘의 파란만장했던 직장생활은 '진짜 인간관계'가 무엇인지 알려주었다. 여기서 '진짜'의 의미는 '냉정 아니면 열정 사이'라고나 할까. 미지근한 관계란 없다. 내 편 혹은 내 편 아닌 상대, 둘 중 하나로 편을 가른다. 이익을 추구하는 조직에서의 편 가르기이기에 회사라는 네트워크에서 벗어나는 순간, 관계는 냉정히 정리되었다. 오늘의 멘토가 내일의 깜깜무소식이 되고, 오늘의 상사는 내일의 낯선 아저씨로 변한다. 비정하게 안녕을 고하는 팍팍한 세상 속에서 인간관계의 끈을 쥐고 지탱하는 일이 생각보다 쉽지 않음을 깨달았다.

한국 사회의 인맥 쌓기는 그야말로 경쟁이다. 빵빵한 회사 다니는 아무개, 의사 친구, 법조인 형님 등을 한두 명쯤은 알고 있어야 든든하다. 라 로슈푸코의 말처럼 무언가를 기대하는 '자기애' 때문인 걸까? 우정과 관계의 깊이 정도는 축의금 액수로 판가름이 난다. 알고만 지내는 누구의 결혼식은 3만 원, 적당한 관계의 누구는 5만 원, 절친한 사이의 누구는 10만 원으로 등급이 나뉜다. 한 달에 지인의 경조사가 2회 이상이면 인맥도 부담이다. 기쁜 일은 축하해주고, 슬픈 일에는 위로한다는 '함께'라는 관계의 본래 의미가 '이해관계'로 변질되었다. 네트워크에서 미움을 받거나 소외되지 않으려는 두려움이 반영된 문화다.

골드만삭스 퇴사 후, 집필은 고독의 여정이었다. 당장 수중의 돈도 줄어들어 경제적으로 여유가 없었다. 삶의 변화는 적잖은 스트레스일 때도 많았다. 한동안 지인들의 결혼 소식에도 묵묵부답으로 지냈다. "요즘 뭐하고 지내?"라는 질문에 직장을 나온 비하인드 스토리를 일일이 설명하는 것도 부담이었다. 안부 문자로 몇 번 이야기를 주고받았으나 '그 좋은 직장을 왜 그만두었냐?'는 반응이 대부분이었다. 행사에 불참하기 시작하자 지인들 사이의 네트워크 안에서도 점점 벗어나기 시작하여 인간관계도 자연스레 정리되었다.

그러던 어느 날, 가깝게 지냈던 친구에게 연락이 왔다.

"예은아, 그동안 왜 연락 안 했어?"

"아…… 그게, 말하자면 길어. 미안해. 사실은 나 몇 달 전에 회사 그만뒀어. 그리고 글 써."

그 친구는 더 이상 묻지 않았다.

"언제 시간 돼? 만나서 얘기하자."

우리는 다음 날 바로 만나 그동안 못 나눈 이야기보따리를 풀었다. 아직 책이 출간되지 않았던 당시, 나의 자신감은 많이 줄어든 상태였다.

"야, 이렇게 힘들면 그럴 수도 있지. 애들 결혼식에 못 간다고, 연락하기 힘들다고 나한테라도 말하지 그랬어."

"고마워. 솔직히 내가 연락도 없고 모임에서 얼굴도 안 비췄는데, 먼저 시간 내서 얘기 들어주기 쉽지 않았을 텐데……."

"우리 취업 시즌 때 기억나? 누구는 안정적인 공기업 취업하고, 누구는 월급 잘 나오는 대기업 취업하고……. 가까운 친구들 사이에서도 서로 얼마나 껄끄러웠냐? 다들 웃으며 졸업하는데 누구는 끝까지 취업이 안 되기도 했지. 창피함에 괴로워하기도 했고, 한창 사람 만나기 싫어 피해 다닌 적도 있고……. 그런 적도 있는데, 뭘……."

그녀는 지갑이 얇아진 탓에 쪼그라든 내 등을 토닥이고는 내 밥값까지 계산했다. 친구의 마지막 말 한마디는 사람 사이에서 소심해진 나를 부끄럽게 만들었다.

"연락이 없다가 오랜만에 만나도 이해할 수 있는 게 진짜 친구 아니겠어? 미안해할 거 없다. 네가 잘 살면 돼."

나 먹고살기 힘들어 다른 누군가의 안위마저 챙겨줄 여유가 없는 세상, 친구마저 주고받음을 기대할 수밖에 없는 세상……. 친구가 남긴 말은 큰 깨달음을 주었다. 나도 모르게 변질될 인간관계의 중심에 서 있었다는 점이다. 그리고 남의 이목과 소위 '기브 앤 테이크' 관계에 신경 쓰다 보면 지금 나 자신의 행복조차도 놓칠 수 있다는 점이다.

기시미 이치로는 『미움받을 용기』에서 인간관계에 대한 현대인의 두려움에 대해 명확히 짚어준다.

'내가 아무리 잘 보이려고 애써도 나를 미워하고 싫어하는 사람은 반드시 있게 마련이니, 미움 받는 것을 두려워해서는 안 된다.'

좋은 관계를 유지하는 일은 책 속의 가이드라인처럼 쉽지는 않다. 이러나저러나 상황에 따라 누군가에게는 욕을 먹을 수도 있고, 좋은 평을 들을 수도 있는 거다. 모두에게 '착한 사람'으로 남고 싶은 강박관념이 우리도 모르는 사이에 마음속에 자리 잡아 관계를 더욱 어렵게 만든다. 결국 내 마음 쓰기에 달렸다. 남을 의식하거나 나와 남을 비교하는 소심함에 좀 더 쿨할 줄 알아야 한다. 세상살이는 마음먹기에 달렸다. 공평하지만 공평하지 못하다. 그렇다면 어떻게 해야 '기브 앤 테이크' 룰의 오해에서 벗어나 '쿨'해질 수 있을까?

바로 자신감으로 채운 매력을 계발하는 것이다. 흔히 많은 사람이 자신을 괜찮은 사람으로 보이기 위해 애쓰고 산다. 두루두루 지속적인 관계를 유지하기 위한 SNS 공간에 업데이트하는 포스팅은 '나 이만큼 행복한 사람이야'라는 것을 드러내는 자기 홍보 수단이다. 그러나 보이는 것은 '보는 사람이 없다'고 느껴지면 금방 무너지게 마련이다. 매력이 아닌 일시적 인기다. 그보다 우리는 실제로 괜찮은 사람이 되기 위해 연마해야 한다. 자연스레 사람들의 마음을 끄는 나만의 아우라, 매력에도 노력이 필요하다.

원하는 것을 낮이고 밤이고 지나치게 기다리면 되레 내 손에 오지 않을 때가 있다. 인간관계도 마찬가지다. 자신의 지인 네트워크를 가만히 들여다보자. '인맥관리'라는 명분으로 끝없이 이어졌던 술자리,

경조사 지출, '의리'를 위해 비밀이 없어진 관계에 따른 상처 등으로 스트레스를 받았던 적 없는가? 당연한 이치라고 믿어왔던 '관계'의 사회적 룰을 따라가다 보면 삶의 가치는 잊히고, 살아남은 방법만 남는다.

인맥에 대한 지나친 집착은 자연스럽지 못한 이해관계가 되고 만다. 받는 만큼 줘야 하고 주는 만큼 받기를 기대할 수밖에 없다. 관계에 부담이라는 무게가 실리고, 내가 '인맥'의 중심에 서지 못하는 것이다. '시선'에 신경 쓰다 보니 부끄러움이 두려움으로 변하게 된다.

우리도 모르게 몸에 밴 인간관계의 관점을 바꾸는 방법은 간단하다. 고전의 '내유외강(內柔外剛)'이다. 먼저 주변 환경을 대할 때 주도권을 잃지 말아야 한다. 그리고 자신을 대할 때 사소한 결점보다 장점을 우선시하는 너그러움을 가져야 한다. 사람들 사이에서 제멋대로 하는 식의 독불장군이 되라는 것도 아니고, 부족한 부분을 외면하라는 것도 아니다. 조금 부족하지만 진심으로 사람을 대할 줄 알고, 뚜렷한 캐릭터로 인상을 남기는 인간적 매력을 갈고닦으라는 의미다.

지인들에게 그저 고마운 사람보다 기대되는 사람이 되겠다는 자신감을 갖자. 또한 지인들에게 '기브 앤 테이크' 룰에서 벗어나 진심을 담은 말과 행동을 건네보자. 스스로를 낮게 대하고 인맥에서 자유롭지 못하면 관계는 어그러지고 만다.

가끔 블로그를 통해 '인연'이 되고 싶다는 쪽지를 받는다.

'작가님, 블로그에 올린 글 잘 읽고 있습니다. 늘 당당한 모습 멋집니다. 이런 상황에선 어떻게 대처하는 게 좋을까요?'

'작가님처럼 긍정이 담긴 글을 써보고 싶어요. 뭐부터 시작하면 좋

을까요?'

'강연에 참석했던 고등학생이에요. 선생님처럼 자신감 넘치는 어른이 되고 싶습니다.'

또한 진짜 인맥이 되어준 몇몇 지인에게 응원의 메시지를 받는다.

'이번에 책 나왔다며? 해낼 줄 알았어! 대단하다.'

'인기 강사님, 다음 책도 기대할게.'

나를 인정해주고 필요로 하는 사람들이 늘어가고, 나 또한 기쁜 마음으로 기꺼이 마음을 나눈다. 인간관계에서 차이나 계산도 없이 그 무게를 덜어낸다. 누군가에게 더욱 '기대되는 사람'이 되기 위해 지금 내 모습에 충실하리라 또다시 다짐한다.

자신감 있는 모습은 그 자체로 사람의 마음을 끌어당기는 매력이 된다. 괜찮은 사람처럼 보이기 위해 노력하는 것과 괜찮은 사람이 되기 위해 노력하는 것의 차이를 인식하며 주변을 대하자.

인생이라는 패의 주인을 결정하는 주도권은 내 안에 있다!

07

평생 파트너가 되어줄
꿈 친구를 만나라

순수 연애가 희귀해진 세상이다. 믿을 만한 사람 하나 없다는 세상에서 내 짝 하나 못 만나는 사람이 수두룩하다. '썸'이라는 단어의 등장은 대한민국 청춘남녀의 연애 심리를 더욱 가볍게 만들기도 했다. 누군가와의 관계 맺기가 쉬워지면서 관계 정리도 쉬워졌다. 상처받을까 봐 두려워하는 마음 때문에 연애와 결혼에도 속된 말로 쫄고 있다.

새털처럼 가벼운 '썸'의 관계가 대세인 세상에서 〈님아, 그 강을 건너지 마오〉라는 다큐멘터리가 대박 났다. 100세가 가까이 될 때까지 시골 마을에서 알콩달콩 평생을 함께한 노부부의 사랑 이야기다. LTE급으로 만나고 헤어지는 세상에서 아이러니하다는 생각마저 들게 한다. 잔잔하고 진한 사랑을 보기 드문 풍속 탓일까? 노부부의 소탈하면서도 아기자기한 사랑이 부럽기만 하다. 순수한 사랑은 나와 거리가 먼 것일까? 진정한 내 편 하나 없는 것일까? 고민이다. '연애 고수'라는 말이 나올 정도면 사랑도 공부해야 하는 듯싶다.

살면서 누구나 한 번쯤 듣는 말이 있다.

"사랑이 밥 먹여주냐?"

요즘같이 인스턴트식 관계만 난무하는 분위기에서 대답은 '절대 아니오'다. 그 대신 조건부식 연애와 결혼이다. 세상을 헤쳐나가는 일이 벅차기만 하기 때문이다. 대학 진학, 취업에서 '스펙' 타령은 끝나지 않는다. 사랑에도 '스펙'이 요구된다. 키부터 학력, 집안, 직장까지 마트에서 물건 고르듯 사랑에도 잣대를 들이댄다. 마치 표준화된 사회라는 무대에 짜인 각본처럼! 사람 만나는 것도 뻔하다. 설렘? 스펙을 통과하면 그제야 생기는 감정이다. 본능적 감정은 합리적인 이성 밑으로 감춰버리게 된다. 만남은 많지만 진짜 사랑은 드물다.

"어째 옆에 남자가 없는 적이 없어!"

연애 고수는 아니었지만 나름대로 경험 풍부한 20대를 보냈다. 좋은 직장에 있으면서 소개란 소개는 다 받았다. 회사 안에서도 전기 통하듯 짜릿한 연애도 해봤다. 좋다는 직업을 가진 남자들에, 국경이나 나이의 제한도 없었다. 모든 싱글이 꿈꾸듯 '이상형' 만나기를 바라왔다. 결혼 이야기까지 오간 적도 수차례였다. 그러나 결정적으로 평생을 함께할 내 짝이라는 '필'은 오지 않았다.

골드만삭스를 나오기 전, 마지막 연애 당시 상대에게 들었던 충격적인 말은 아직도 잊을 수 없다. 교양 있는 부모님, 넉넉한 집안에서 자라 안정적 직장에 다니던 과거의 그였다. 그러나 내가 회사를 그만두겠다고 결심한 뒤로 갈등이 심해졌다. 서로의 비전이 맞지 않게 되자 연인관계는 금세 금이 가기 시작했다. 결국 회사를 그만둔 지 한 달만에 이별을 마음먹었다.

"넌 욕심이 너무 많아. 늘 부담스러웠어."

작심하고 배설한 그의 말은 내 가슴에 비수로 꽂혔다. 적당히 넉넉하게만 살고 싶어 하는 남자와 하고 싶은 것도, 갖고 싶은 것도 많은 여자는 이루어질 수 없었다. 그제야 깨달았다. 사랑은 감정 그 이상으로 미래적인 그 무언가가 공유되어야 한다는 것을, 현재의 조건은 관계를 지속적으로 이끌어가는 힘이 될 수 없다는 것을…… 꿈에 대한 도전이 시작되면서 또 하나의 관계가 정리되었다.

파울로 코엘료는 소설『브리다』를 통해 이렇게 말한다.

'진정한 사랑은 서로에게 자신의 길을 가도록 허락한다. 그래야 서로가 갈라지는 일은 없다는 것을 알기 때문이다.'

자신의 길을 인정받을 수 있는 사이, 바로 가치관과 꿈을 공유할 수 있는 관계다. 인간이란 미래의 불확실성을 두려워하는 존재이기에, 그 두려움을 긍정적인 힘으로 만들어갈 파트너가 필요하다.

이 책 앞부분에서 '결혼에 목숨 걸지 말고 꿈에 목숨 걸자'고 언급했다. 먼저 자기 인생에 대한 확신이 어느 정도 섰을 때, 미래를 함께할 상대를 찾을 수 있다는 의미다.

지금까지 우리는 어떤 사랑을 꿈꾸었는가? 나보다 더 나은 조건의 상대를 찾는 데 바쁘지 않았는지 생각해보자. 나보다 더 나은 월급, 더 나은 집안, 더 나은 학벌……. 곰곰이 짚어보면 진정한 사랑을 만나지 못한 문제의 답을 찾을 수 있다. 그동안 우리는 '요구'만 하는 관계를 원했다. 사랑이라는 본질적 가치에서 공짜만 밝힌 거나 다름없다. 일방적 관계는 오래가지 못한다. 서로 주고받고, 장점은 북돋아주며 결점은 보완할 수 있는 상호적 관계여야 한다.

사회적 기준에서 완전히 자유로워진 후 독립적 인생을 살게 되면서 진정한 짝을 만났다. 예전의 기준으로 따지자면, 경제적으로 넉넉하지 않은 데다 학벌도 뛰어나지는 않다고 볼 수 있다. 스펙이라는 물질적 조건으로는 기대에 부합하지 않았다. 하지만 모든 사회적 조건을 다 무시할 결정적 힘은 바로 '가치관'과 '꿈'을 공유한다는 데 있었다. 지금 나와 내 연인은 서로의 미래를 섬길 줄 아는 파트너관계다.

연애와 결혼에서 나만의 방정식이다. 하나의 인격체와 또 하나의

인격체가 만나 특별한 감정을 느끼고 깊은 관계를 맺는 일이 바로 사랑이다. 두 사람의 만남이 단순히 '1+1=2'가 아닌 몇십 배를 뛰어넘는 가치를 만드는 것이 사랑의 시너지 효과다. 서로의 에너지를 결합해 기대되는 미래를 함께 그려나갈 때, 지속 가능하고도 성숙한 사랑을 만들 수 있다.

나와 내 연인이 가장 좋아하는 것은 주말 아침, 카페에서 진한 커피를 마시며 함께 책을 읽는 시간이다. 책 속에서 만나는 다른 사람들의 생각을 함께 나누며 우리의 생각도 좀 더 발전한다.

"이 구절, 너무 좋지 않아? 집필할 때 참고하면 좋을 거 같아."

"저자는 이런 상황에서 이렇게 행동했다고 하네. 앞으로 이런 방식으로 계획하면 되겠다."

"오 년 뒤에 반드시 동기부여 전문가 부부로서 사람들에게 감동을 주게 될 거야."

우리는 '가치관'이 일치한다. 서로의 꿈을 존중하고 그 합일점을 맞추어가고자 노력해야 한다는 주의다. 앞날을 함께 개척하겠다는 의지에 힘입어 서로에 대한 믿음도 깊어진다. '책'이라는 매개체를 통해 우리만의 새로운 세계를 창조한다. 미래가 명확해질수록 함께 실행할 세부적인 계획도 자연스럽게 그려나간다. 마음을 열고 뜻을 같이한다면, 만만치 않은 인생도 긍정으로 해석하는 힘을 만들 수 있다.

1+1=100의 사랑 공식은 서로의 노력이 중요하다. 관계를 지속적으로 발전하게끔 하는 의지가 필요하다. '썸'이나 '조건부 연애, 결혼'이 오래가지 못하는 까닭이다. 외모나 경제적 능력 같은 피상적인 것들에 사랑을 맞추다 보면 '검은 머리 파뿌리 될 때까지 행복하게'의 가

능성은 희박해진다. 황혼 이혼이 계속 증가한다는 통계만 봐도 알 수 있다.

상대에게 내가 원하는 조건을 요구하기 전에 자문해보자. 나는 과연 상대방이 바라는 바를 만족시킬 수 있는 대상인지를 말이다. 행복을 바라는 만큼 관계에서도 인내와 희생이 따르는 법이다. 그 인내와 희생의 어려움을 '꿈'으로 승화시킬 수 있는 것이 진정한 사랑이라는 사실을 잊지 말아야 한다.

비전이라는 울타리를 함께 설계하고 구축해나가는 인생의 동반자가 있다면, 그 울타리 안에서 두려움 없이 행복할 수 있을 것이다. 하고 싶은, 되고 싶은, 갖고 싶은 꿈으로 공감 가능한 사랑을 하자.

지속 가능한 사랑은 상대방의 미래에서 자신을 발견하는 것이다.

08

편집과 융합의 사고방식,
컬래버레이션을 하라

영단어 교재보다 광고나 기사에서 더 많이 접하는 말! 최근 '컬래버레이션(Collaboration)'이 대세다. 단어의 순수한 의미는 '협업'이지만, 이제는 다른 장르의 브랜드와 만나 서로의 개성을 극대화하여 새로운 상품이나 트렌드를 만들어내는 마케팅전략으로 통용되고 있다. 업종을 불문하고, 우리가 알고 있는 웬만한 브랜드들은 컬래버레이션 마케팅을 한 번쯤 해봤을 정도다. 코카콜라는 샤넬의 칼 라거펠트를 비롯하여 마크 제이콥스, 장 폴 고티에까지 많은 패션 디자이너와 패셔너블한 콜라 패키지를 내놓고 있다. 몇 년 전, LG의 프라다폰은 반응이 뜨거웠으며, 삼성은 고급 만년필 브랜드 몽블랑과 함께 스마트폰 및 노트패드의 케이스를 제작하기도 했다. '짬뽕' 상품들이 히트치는 세상에서 오리지널은 지루하게 느껴지기 시작했다.

컬래버레이션이 갑자기 생겨난 건 아니다. 기존의 대상에 전혀 다른 스타일을 덧입힘으로써 또 하나의 새로운 양식이 탄생되는 것도 창조다. 인상주의 예술가들의 작품을 소장한 오르세 미술관은 오르세 기차역을 개축한 건물로, 과거 산업혁명 당시의 프랑스 건축 양식을 그대로 보존하고 있다. 오르세 미술관은 18~19세기 역사의 기록이자 동시대 예술의 보고라는 혁신의 복합성을 의미한다. 이처럼 혁신을 갈망하는 것은 인류의 본능과도 같다. 주어진 대상을 있는 그대로 받아들이기만 하지 않고 반항적 사고를 시도해온 덕분에 100년 전, 아니 불과 10년 전 사람들보다도 고지능적인 삶을 살게 된 지금 세대다. 이제 21세기를 살아가는 우리에게 창조, 혁신, 융합은 익숙한 생활방식이자 문화의 발전이다.

내가 책의 일부를 할애해서 '컬래버레이션'을 말하고자 하는 이유는 생각보다 그 시너지 효과가 대단하기 때문이다. 누구나 특별해지기를 원한다. 평범한 건 이제 사회적 수명을 단축하는 길이다. 어떻게 나를 남들과 차별화할 것인가가 경쟁 사회에서 늘 고민이다. 산업적 측면에서 시야를 넓혀 개인에게도 컬래버레이션 사고와 행동이 필요한 시대다.

"도대체 뭐라고 쓰나?"

자기소개서 질문을 보고 있노라면 막막하다. 취업 시장은 취업 준비생에게 차별화된 콘셉트를 요구한다. 각 기업이 요구하는 자기소개서 양식을 채우며 가장 고민하는 근본적 부분이다. 다른 지원자보다 눈에 띄는 대답을 위해 혹은 면접의 기회를 얻기 위해 오늘도 많은 청춘이 모니터 앞에서 고군분투하고 있다. '죄송하지만 기회가 닿지 않았습니다'라는 서류 전형 불합격 페이지를 볼 때마다 가슴이 답답하기만 하다. 그리고 자신에게 되묻는다.

· 뭐가 부족한 걸까?
· 그들이 원하는 특별한 인재의 답안은 무엇일까?
· 나는 뭘 내세울 수 있을까?

취업 준비 당시, 지금까지 나 자신이 삶이라는 프레임의 포로로 살았음을 느끼곤 했다. 독자적인 '내' 생각이 아닌 다수의 '그들'의 생각으로 삶을 판단해온 습관 때문이었다. 수많은 지원자의 지원서 더미 속에서 눈에 띄는 한 사람이 되고 싶었지만 정해진 기한이라는 압박 속에서 명쾌하게 떠오르는 생각도 없다.

"전략이란 선택과 포기다. 차별화를 위해 무언가를 고르는 것이 바로 전략이다."

하버드대학교 마이클 포터 교수의 말처럼, 차별화는 여러 선택과 포기로 모인 이미지나 방법이 융합되면서 탄생한 독특한 전략이다. 컬래버레이션이 눈에 보이는 물질과 물질 사이에서 발생하는 것만은 아니다. 창조에 정해진 범위란 없다. 사고와 또 다른 사고가 뒤섞이며 새로운 콘셉트나 지식이 탄생하는 것도 협업, 컬래버레이션이라고 할 수 있다. 무에서 유를 창조하는 것이 아니라 유에서 좀 더 나은 유를 만들어내는 융합이 곧 창조의 시작이다.

누군가에게 선망의 대상인 직장을 그만두고 글 쓰는 직업을 택했을

때, 물론 내면의 고민이 있었다. 전통적인 사회 기준과 삶의 틀을 버리기 위해선 더욱 남다른 나만의 콘셉트가 필요했기 때문이다. 사실 여행을 좋아해 회사를 그만뒀다. 돈이 아닌 내 꿈을 좇는다는 스토리를 글로 담기에 특별하지만은 않았다. 그런 식으로 활동을 시작한 수많은 동기부여 작가들 속에서 나만의 뚜렷한 콘텐츠가 필요한 건 사실이다. 독자들에게, 청중에게 작가 조예은만이 전달할 수 있는 메시지! 내가 가진 긍정의 에너지와 두려움을 모르는 사고방식, 여행이라는 단조로운 콘셉트들을 뒤섞으며 특별한 나만의 무언가로 만들어보고 싶었다.

평소 여행을 다니며 많은 여행 서적을 접했다. 공통적으로 아쉬웠던 점은 그들의 여행기가 그들의 개인적 이야기에서 끝난다는 사실이었다. 책에는 독자에게 또 다른 삶의 관점을 제공하는 힘이 실려야 한다고 믿는다. 첫째, 나에게는 여행을 꿈꾸는 독자들에게 여행을 통해 자신을 성장시킬 자기계발적인 시선을 일깨워주고 싶다는 욕망이 있었다. 둘째, 많은 사람이 여행을 삶의 도피처로 여기거나 여행과 자신의 삶을 철저히 구분하고 있다는 점을 통해 새로운 니즈를 책을 통해 채워주고 싶었다. 여행자 사고방식을 일상에 적용하여 삶의 순간을 좀 더 즐겁게 향유하는 방법들을 제안하는 것이다.

- 매 순간을 여행처럼 즐겁게 누리자.
- 여행은 몸으로 하는 자기계발이다.

해야 하는 일들에 치이는 삶 속에서도 스스로를 동기부여할 수 있었던 원동력을 이제 많은 사람에게 알려주기 위해 여행과 일상의 경계를 허물었다. 여행 같은 특별한 생활방식, 그렇게 탄생한 콘셉트가 바로 '생활여행 작가'였고 첫 번째 개인 저서 『서른살, 독하게 도도하게』였다. 틀에서 벗어나 예상을 뛰어넘는 미래를 구체적으로 계획할수록 자신감이 생긴다. 이제 삶을 여행처럼 향유하는 나만의 관점을 더 많은 사람에게 알려주는 '생활여행 작가'라는 타이틀은 평생의 소명이 되었다. 내가 가진 장점과 좋아하는 것, 잘할 수 있는 것들을 선택, 포기하는 편집 과정을 통해 미래의 콘셉트를 만들어낼 수 있었다. 이제는 책을 넘어서 강연과 블로그 '매일매일 여행하는 그녀의 낙(樂) 서장'을 통해 사람들을 만나며 생활여행 작가의 삶을 알리고 있다. 여행의 자기계발적 요소와 여행과 일상의 경계를 없애는 사고방식을 컬래버레이션한 나의 현주소이자 미래이다.

선택과 포기를 반복한 편집, 컬래버레이션은 작은 틈새에서 탄생된다. 그동안 배운 많은 경험과 지식을 섞고 섞으며 새로운 결론을 얻는다. 아는 것에 그치지 않고 새로운 가치를 만들어내는 노력이 차별화가 경쟁력인 시대에 요구되는 자질임은 틀림없다. 남들과 비스무리한 건 더 이상 내 것이 될 수 없다. 이제는 사회적 기준의 '정답'보다 나만의 콘셉트가 담긴 '현답'이 필요하다.

편집, 융합의 사고방식을 습관화할 때이다. 좋아하는 것, 잘하는 것, 하고 싶은 것의 새로운 교차점을 찾아보자. 어느 집 둘째아들, 어느 대학 출신, 어느 회사 재직 중이라는 누군가와 겹치는 뻔한 내 모습을 넘어서자. 유일한 '나'가 곧 솔직한 '나'이다.

생각은 컬래버레이션을 하고, 행동은 재미나게 하는 거다. 사회적 기준의 허물을 벗은 내 모습을 재창조하는 힘이 될 테니까.

09

디지털 세상 속
아날로그를 터치하라

지하철역에 유난히 사람이 많았던 어느 날이었다. 도착한 곳은 광화문역. 깊은 지하 터널과 세상 밖이 연결되어 있는 기나긴 계단 언덕이 눈앞에 펼쳐졌다. 널찍한 계단, 그리고 사람 두 명이 서면 꽉 찰 정도의 좁은 에스컬레이터가 나란히 있었다. 재미있는 사실은 넓은 계단을 놔두고 많은 사람이 좁디좁은 에스컬레이터를 타기 위해 길게 줄을 서서 기다리고 있다는 점이었다. 에스컬레이터엔 사람들로 북적이는 반면, 공간의 대부분을 차지하는 계단은 텅 비어 있었다. 하나같이 축 처진 어깨로 겨우 버티고 있는 사람들……. 그들로 빽빽하게 채워진 에스컬레이터를 보자 숨이 턱 막혔다. 비좁은 기계에 서로 뒤엉켜 위로 올라가기만을 기다리고 있는 장면은 자연스럽게 나를 계단으로 이끌었다. 다른 역보다 꽤나 긴 광화문역의 계단을 두 다리로 하나씩 오르고 올랐다. 계단 오르기의 반복이 점차 안정화되자 몸에 리듬감이 생겨났다. 숨은 조금 찼지만 헐떡이지 않았고, 열차 안에서 경직되었던 근육이 다시 깨어났다. 마지막 계단에 발을 얹고 뒤를 돌아보았다. 나와 함께 내렸던 사람들은 저만치 아래 에스컬레이터 위에서 스마트폰을 만지작거리고 있다.

'첨단 기기가 지능화되고 늘어날수록 삶의 활력을 상실하게 되는 것은 아닐까?'

에스컬레이터와 계단의 단순한 대비 속에서 디지털과 아날로그의 대립이 떠올랐다. 기계가 우리를 편하게 해주는 대가로 우리에게 몸을 사용하며 얻는 활력이라는 감각을 앗아가는 것만 같았다.

『집을 철학하다』의 에드윈 헤스코트는 계단을 '더불어 사는 방법을 가르쳐주는 공간'이라고 정의한다. 서로에게 익명의 공간인 지하철에서 에스컬레이터는 단절 속의 이동수단이다. 움직이는 기계의 속도에 맞춰 몸을 싣고 있다 보면 다른 사람과 부딪힐 일이 없다. 그냥 가만히 기계에 순응하면 된다. 반면, 계단은 좀 더 공동체 지향적이다. 혼자 앞질러서 갈 수 없다. 나와 함께 계단을 공유하는 사람들과 리듬을 맞추어 나간다. 내 앞에 다리가 불편한 어르신이 있다면 내 페이스를 조금 천천히 늦추기도 하고, 급해 보이는 남자가 속도를 내면 방향을 틀어 그의 행진을 돕기도 한다. 엘리베이터나 에스컬레이터보다 조금은 불편할 수도 있지만 일상의 활력을 찾게 해주는 아날로그 계단을 재조명해보는 계기였다.

아날로그 생활방식이 그리워지는 빡빡한 속도 중심의 디지털 세상이다. 이제 사람들은 스마트폰의 배터리 방전이 마치 세상과의 단절이라도 되는 양 불안에 떤다. 단 30분도 참지 못한다. 불과 10년 전만 해도 휴대전화는 단지 소품에 불과했다. 하지만 지금은 뇌 기능의 일부를 차지하고 있는 컴퓨터의 외장하드 같은 역할을 한다. 모든 것을 인위적으로 단순화한 신호로 변환하는 디지털 구조는 조금은 복잡하고 느리지만 있는 그대로의 것을 재현하는 아날로그 구조에 비해 상당히 효율적이기 때문이다. 디지털 문화의 신속한 정확성은 '속도'를 매사의 우선순위로 만들어놓았다. 더 빠르게, 더욱 간편하게! 초고속 무선 이동통신을 뜻하는 디지털 용어 'LTE'는 '아주 빠른'을 의미하는 일상적 형용사로 쓰이기도 한다. 디지털 문명의 진화는 약간의 불편함도 더욱 불편하게 느끼게끔 만들어간다.

인간미를 배제한 디지털 세상의 페이스를 따라가다 보면 숨이 차고 머리가 멍해질 때가 있다. 스마트폰이라는 족쇄를 찬 기분, 어제의 화제가 오늘의 무관심이 되는 혼란, 생각보다 수용에 익숙해져 바보가 된 듯한 느낌까지……. 나도 모르는 사이에 경제적 가치와 소중한 나의 감각이 맞교환되고 있었다. 하루 종일 컴퓨터 앞에서 일과 씨름하느라 굳어버린 목을 붙잡고 회사를 나서는 길은 왠지 서글프다. 디지털 환경으로 최적화된 일터의 속도에 따라가느라 고단해진 몸을 이끌고 돌아가는 퇴근길, 무의식적으로 스마트폰을 터치하며 가상의 세상과 접속을 시도한다. 출퇴근 시간의 지하철과 버스 안, 인터넷 서핑으로 자유를 대리 만족하는 현대인들로 가득하다.

'디지털 세상과 결별하는 습관 갖기!'

잊고 살았던 삶의 진선미를 일깨우기 위한 나 자신과의 약속이었다. 디지털방식이 주는 정신적 피로를 멀리하고, 아날로그방식이 주는 육체의 피로를 기꺼이 받아들일 줄 아는 의식적인 노력을 내 몸에 길들이고 싶었다. 나는 다섯 가지 아날로그 생활방식을 꾸준히 실천하며 삶의 활력을 충전하곤 했다.

하나, 쇼핑은 인터넷 리뷰에 의존하지 않고 오프라인에서 직접 만져보고 판단하고 고른다.

유행은 디지털 시장이 선도한다. 소비 문화의 '슈퍼 갑' 파워블로거들의 리뷰가 절대적이다. 평점이 높고 인기가 많은 상품일수록 만족스럽다고 스스로 합리화한다. 대중의 취향이 곧 내 취향이 되어가는 세상에서 내 진짜 취향을 찾고 싶었다. 오프라인 상점에서 상품을 직접 체험하고 최종 의사결정을 내리는 소비자가 되었다. 책 고르기도 마찬가지다. 동네 서점이 점차 사라지고 있는 시대에서의 책 고르기는 온라인 서점의 독자 리뷰에 점점 의존하게 되었다. 나는 책을 읽고 싶을 때 직접 서점을 방문한다. 표지와 목차를 눈으로 직접 보고 읽고 싶은 책을 직접 고른다. 소비를 부추기는 디지털 소비 시장에서 요즘 속된 말로 '호갱'이 되지 않기 위한 나만의 아날로그 소비법이다.

둘, 책과 신문은 종이로 읽는다.

종이 위의 지식과 접하는 일은 우리에게 디지털 환경의 편리함을 거스르는 노력을 요구한다. 세상 모든 것이 죄다 스마트폰 안에 들어가는 콤팩트한 일상에서 가방 속 책 무게는 종이의 묵직함을 몸으로 느끼게끔 해준다. 하지만 종이의 질감을 느끼며 한 장 한 장 읽고 습득하는 행위 지식을 내 것으로 만드는 참여의 즐거움을 선사한다.

셋, 스마트폰 없이 독서, 운동 등 혼자만의 취미 시간을 확보한다.

깨어 있는 동안 하루 한 시간은 스마트폰과 결별한다. 그 대신 온전히 하고 싶었던 일을 계획해본다. 읽고 싶었던 책을 읽기도 하고, 좋아하는 운동을 할 수도 있다. 완전한 몰입을 통해 자유로운 기분을 되찾는다. 진짜 내가 좋아하는 것이 무엇인지 발견하는 기회가 되기도 한다. 스마트폰 없는 취미생활을 습관으로 만들면서 글쓰기와 요가라는 소중한 재능을 찾게 되었다. 재능은 이제 나만의 자산이기도 하다.

넷, 메모는 스마트폰이 아닌 펜과 수첩을 이용한다.

컴퓨터와 스마트폰으로 기록하는 일상에 익숙해져 가끔 펜을 들고 적는 일이 어색하게 느껴질 때가 있다. 내 글씨체가 어땠는지 가물가물하기도 하다. '쓰기'는 사유를 유도하는 대표적인 아날로그 생활방식이다. 그 때문에 어딜 가나 아이디어 노트는 꼭 지니고 다닌다. 갑자기 떠오르는 생각이나 순간의 감정을 붙잡아두기도 하고, 잊지 말고 해야 할 일이나 계획을 차곡차곡 적어놓기도 한다. 완벽하게 정돈된 디지털 폰트가 아닌, 손글씨로 '내 것'을 기록하며 '내 것'에 소중한 의미를 부여한다. 메모는 보이지 않는 생각에 숨결을 불어넣는 주체적 행위다.

다섯, 모든 이동 경로를 산책길이라 여긴다.

프레데리크 그로는 『걷기, 두 발로 사유하는 철학』에서 자연과 점점 멀어지는 디지털 노마드족의 삶을 이렇게 묘사했다.

'기복 없는 곳에 사는 그들은 도대체 어떤 공간에서 사는 것인가. 태양도 비도 중요하지 않게 생각하는 그들이 사는 시간은 어떤 것인가. 이처럼 오솔길과 도로에서 멀리 떨어져 살다 보면 우리의 상황을 잊게 된다. 계절과 시간은 전혀 마모되지 않는 것처럼 보이는 것이다.'

매일의 모든 이동 경로를 산책길이라 여기며 걷자. 비효율을 즐길 줄 아는 긍정적인 나를 만드는 방법이다. 바쁜 현대인들에게는 일부러 시간을 내기보다 주어진 시간을 여유롭게 즐길 줄 아는 관점도 필요하다. 인터넷 세상이 아닌 자연의 변화를 인지하면 잠시나마 숨통이 트인다. 사계절의 변화와 푸르른 하늘이 첨단 기술의 편리함으로 무감각해진 오감신경을 다시 되찾게 도와줄 것이다. 늘 당연하게만 여겼던 주변 환경의 소중함을 깨닫는 순간이다.

이런 생활 습관은 삶의 템포를 내 중심으로 돌려놓았다. 세상의 템포에 휩쓸리지 않고 균형을 유지하는 힘이기도 하다. 이 책에서 아날로그 생활방식을 강조하는 이유는 다름 아닌 '진정한 나'를 만나는 기회를 가질 수 있기 때문이다. 약간의 느림과 비효율성은 우리에게 단순한 지식과 깊이 있는 지혜를 구분하게 하고 나를 돌아볼 '틈'을 선물한다. 매끈하게 빠진 전자 기기의 빈틈없는 디지털방식이 아닌, 숨결이 담긴 아날로그방식을 탐닉하자.

You're connected!

이 책을 읽고 있는 당신에게

지금부터 무선인터넷 와이파이가 아닌

아날로그 생활방식에 접속되었음을 알립니다.

10

더욱더 생생한 미래를
선포하라

얼마 전 신도림역을 지나갔다. 서울 지하철 노선 중에서 가장 복잡하기로 유명한 환승역인 만큼 사람들로 가득했다. 1호선에서 2호선으로 갈아타기 위해 계단을 내려와 환승하는 통로인 광장에 들어섰다. 물건을 파는 상인, 급한 일이 있어 뛰어가는 직장인, 힘없이 터벅터벅 걷는 아가씨, 손을 꼭 잡고 걸어가는 젊은 커플 등 수많은 사람이 뒤엉켜 있었다.

순간 사람들로 가득한 환승역의 광경이 마치 축소해놓은 하나의 작은 세상 같다는 생각이 들었다. 각자 가지고 있는 사연이 다르고, 가고 있는 길도 다르니까. 그 복잡한 세상에서 바로 발밑에 시선을 고정시킨다면 어떨까? 지나가는 사람들과 부딪히기 십상인 데다가 환승하기 위한 표지판도 보지 못한 채 어디로 가야 하는지도 모르는 상태로 더

디게 걸을 것이다.

우리의 삶도 마찬가지다. 어디로 어떻게 가야 할지 모른 채 당장 눈앞에 벌어지는 상황만 보고 사는 인생은 불안할 수밖에 없다. 좀 더 넓은 시야로 먼 미래까지 바라보며 내 안의 보물을 발견하겠다고 마음먹을 때, 무심코 지나칠 뻔한 주변 표지판들이 나를 안내해주기 시작한다.

그러나 그 표지판이 보이지 않도록 가로막는 장애물이 있다. 바로 두려움이다. 이 부정적 감정은 자기 확신의 부족에서 나오는 법이다. 결국 표지판을 발견하고 앞으로 나아가느냐, 땅바닥만 보고 방황하느냐의 답은 내 안에서 찾을 수 있다.

당신의 오늘 하루는 어떤가?

"음, 아침에 토익 스터디를 가야 해. 그리고 오늘은 수업이 무려 네 개야. 점심 시간 빼고 연속으로 들어야 한다구. 게다가 수업 후엔 팀 프로젝트, 저녁에는 자격증 시험 공부도 해야 하고……."

"오늘은 내부 미팅이 두 건이나 있어. 결혼한다는 동기랑 점심 약속도 있고, 오후엔 거래처 방문해서 판매 실적 보고서도 작성해야 하고. 또 마치면 회식이네. 일이 밀릴 테니, 내일은 야근해야겠구나. 어휴!"

의무 리스트로 꽉 찬 하루를 사는 것이 보통이다. 의무 리스트는 우리에게 자기 부정이라는 감정을 돌려줄 뿐이다.

'나만 이렇게 돈 벌기 힘든 걸까?'

'뭘 해도 끝이 좋지 않은 나는 왜 이리 끈기가 없을까?'

'당장 어떻게 될지 모르는데 미래를 생각하는 게 맞는 걸까?'

'벌써 여기까지 와버렸는데 다시 시작하기에 늦은 건 아닐까?'

누구나 이런 슬럼프 한 번쯤 겪었을 것이다. 걱정과 불안으로 가득한 보통의 삶은 기대되는 삶을 살 기회를 놓치게 한다. 일상을 돌이켜보고, 기대되는 미래를 미루는 습관을 갖고 있지는 않은지 살펴봐야 한다. 한 번 흘러간 시간은 다시 되찾을 수 없다. 소중한 1분 1초로 이뤄진 일과의 방향을 의무가 아닌 위시 리스트로 돌려야 하지 않을까?

우리가 창조한 이 세계는 모두 보이지 않는 미래적 가치에서 비롯되었다. 내 안에 보이지 않는 가치를 찾아내는 통찰력, 즉 마음의 눈을 떠야 한다. 대부분의 사람이 보이지 않는 가치에서 원하는 모습을 끄집어내 보이는 현실로 만들 수 있다는 것을 모르고 살아간다. 지금부터라도 미래의 무한한 잠재력을 믿고 목표를 생생하게 그려야 한다.

목표의 위대한 힘은 명문 하버드대학교의 한 실험에서도 입증된 바 있다. 실험 초반에 전체 대상 그룹에서 명확한 목표를 기록한 학생은 단 3퍼센트였다. 몇 년 후, 명확한 목표를 가졌던 3퍼센트의 학생들의 수입이 나머지 97퍼센트라는 대다수의 수입의 합보다 10배나 많다는 결과가 나왔다. 결국 성공은 평소 관심을 어디에 두느냐, 그리고 관심 대상에 얼마나 에너지를 집중하느냐에 달려 있다.

내 목표는 늘 현재진행형이다. 그래서 내 인생 사전엔 부정적인 단어가 존재하지 않는다. 의식적으로 삭제하고 오로지 미래의 꿈을 이룰 나에게 걸맞은 단어를 사용한다.

· 나는 할 수 있어!'

· 나는 행복해!'

·· 지금 열심히 살아가고 있는 나 자신에게 감사해!'

목표가 있다면? 과거나 현재가 어떤지는 상관없다. 생산적이지 못한 생각으로 긍정적인 감정과 꿈을 오염시키지 말아야 한다. 더 이상 외부의 기준으로 내 모습을 평가하지 말자. 1960년대 록 스타 차도균 씨의 이야기는 우리가 인생 창조자로서 어떤 사고방식을 가지고 행동해야 하는지 깨닫게 한다.

"사람이 추억에 매달려 살면 추한 거야. 죽기 전까지 계속 현재진행형으로 움직여야 해. 내가 아직 건강해서 노래할 수 있다는 게 좋아. 그래서 다른 어려움은 간단히 이길 수 있어. 이 나이에 새 음반을 냈다는 거, 이건 나의 승리라고 생각해."

막연했던 소망을 이제 구체적으로 디자인해야 한다. 원하는 바와 어울리는 사람들, 장소, 일을 찾아보는 것부터 시작하자. 그리고 미래의 내 모습과 매치하며 생생하게 머릿속에 그려보자. 꿈을 품고, 되고자 하는 모습의 나를 마음속에 각인시키는 일은 강렬한 동기부여가 된다. 원로가수 차도균 씨처럼 과정 중의 두려움과 어려움 따위는 현재진행형인 꿈과 열정으로 뛰어넘을 수 있다.

구체적으로 꿈을 디자인하고 마음속에 새기기 위한 나만의 방법은 바로 '시각화' 자료였다. 원하는 바를 글로 적고 관련된 이미지와 함께 내 생활공간 안에 잘 보이도록 붙여놓았다. 소망과 관련된 이미지나 사진을 모아놓은 시각화 자료는 곧 나만을 위한 맞춤형 미래 설계도가 된다.

- 세계를 누비는 여행가로 살면서 꿈과 희망을 주는 책 집필하기
- 모교에서 후배들을 대상으로 강연하기
- 프랑스 요리 학교 '르 꼬르동 블루' 진학하기
- 제주도에 집필 공간을 둔 내 집 짓고 살기

뚜렷한 목표를 세우고 자주 마주하며, 이루고자 하는 열망은 더욱 강해졌다. 그러자 자연스럽게 목표를 위한 세부적인 행동전략도 세우게 되었다. 세부전략이란 긍정적인 습관이요, 행동하는 노력이다.

- 하루 두 시간씩 독서와 글쓰기, 새벽형 인간 되기
- 취미인 요리도 틈틈이, 요리책에도 관심 두기
- 만나는 이들에게 긍정적 에너지와 동기부여의 말 한마디해주기
- 활력 있는 상태를 유지하기 위해 꾸준히 운동하기

이런 세부적인 습관은 삶의 매 순간을 자기계발의 기회로 만들어준다. 소소한 것이라도 조금씩 성장해가는 즐거움을 맛보자. 당장 결과를 만들어야 한다는 조바심은 멀리하고, 성장하는 과정이라는 삶의 속도를 즐겨보는 거다. 창조적 에너지로 하루하루를 채워보자. 생각과 행동의 크기만큼 꿈꾸는 내일을 얻을 수 있다.

이 책은 당신에 관한 이야기다. 내가 대한민국 사회에 불만을 가졌던 이야기도 아니고, 과거 일터였던 글로벌 금융 회사들을 비난하는 것도 아니다. 단지 나를 비롯한 많은 사람의 이면에 놓인 삶의 고민과

어려움을 통해 '행복'과 '진정한 삶'은 과연 무엇인지에 대해 생각해 볼 필요가 있다. 사회적으로 안정적이거나 인정받고 있는 외적인 조건만으로는 삶의 열정을 이어나가는 동력으로 충분하지 않다는 것을 깨달아야 한다. 직(職)이 아닌 업(業)에 중점을 두어 나만의 커리어를 쌓아야 행복이 오래간다.

커다란 사회적 울타리에서 나와 진짜 맨몸으로 세상에 맞서며 배운 사실은 생각에서 행동으로 옮기는 삶, 기다리는 것이 아닌 찾아가는 삶을 살아야 한다는 것이다. 생생한 목표와 전략으로 세상에 나를 명확히 포지셔닝(Positioning)하자. 현재진행형인 목표로 살아갈 때 살아 있음을 느끼게 된다.

잊지 말자. 내가 꿈을 버리지 않는 한, 꿈은 절대 나를 버리지 않는다는 사실을! 우리의 진짜 인생은 나 자신의 진짜 모습을 찾은 이후부터다.

꿈의 직장 골드만삭스에서

꿈을 찾아 떠나다

초판 1쇄 인쇄 2015년 7월 3일
초판 1쇄 발행 2015년 7월 10일

지은이 | 조예은
펴낸이 | 전영화
펴낸곳 | 다연

주소 | 경기도 파주시 문발로 115, 세종출판벤처타운 404호
전화 | 070-8700-8767
팩스 | 031-814-8769
메일 | dayeonbook@naver.com

본문 | 미토스
표지 | 김윤남

ⓒ 조예은

ISBN 978-89-92441-65-0 (03320)

* 잘못 만들어진 책은 구입처에서 교환 가능합니다.